銀信傳情叢書

U0063925

僑批文化史

下南洋與僑批的興衰

曾旭波 著

中華書局

本書合作單位：

汕頭市潮汕歷史文化研究會

汕頭市潮汕歷史文化研究中心

媲

美

徽

學

迻生

饒宗頤先生所題「媲美徽學」

印尼街頭的華人小販，約攝於 1886 年

19 世紀末馬來亞的華人人力車伕

1920 年代的新加坡碼頭

1920 年代的汕頭郵政總局

批信送達

前　言

　　潮汕是全國著名僑鄉。潮人出洋，歷史悠久，足跡遍及世界各地。唐宋年間，潮州已跟外國貿易往來，明中期以後，更留下了潮人出洋的記載。但在明、清兩代大部分時間裏，朝廷閉關鎖國，實行海禁，潮人的海外貿易活動，被視為海盜甚至叛國行為，故這時期，潮人出洋的人數不可稱眾，且一般到達僑居國，便很難再回唐汕了。

　　乾隆十二年（1746年），清政府特准沿海商人領照到暹羅採購大米和木材，正式解除了外貿海禁。之後，潮人開始從樟林港乘紅頭船到暹羅經營商貿或打工。1860年，隨着汕頭的開埠，潮人出洋更方便了，出洋人數亦逐年增加。同治六年（1867年），汕頭開始有汽船進港，其時德國新昌洋行、英國德記洋行和太古怡和洋行等，皆有輪船往來，停泊於汕頭海面，汕頭成為粵東對外最大的商貿集散港和潮人出洋必經之地。

　　據資料記載，汕頭港自通汽船後，同治八年（1869年），移民暹羅、新加坡等地人數就達20824人，至光緒二十一年（1895年），每年出洋人數增至九萬多人。

　　潮人出洋，主要是出賣苦力賺錢寄回家鄉以贍養親人。僑批，便是海外華僑通過自辦的民間信局寄給家鄉親人的銀信。

　　初期的僑批都是由水客帶送的。慢慢的，隨着收寄批信這一行業形成，有了專門為華僑收寄批信的批局，大部分批信就通過批局收寄了。華僑出洋，大都是聚羣而居，親戚朋友、同鄉同族的人，多聚攏在一起。批局的形成，最初就是因這些族羣的擴大，寄批的人越來越多，這種需求已經可以形成產業。因此，一些大的水客也就把它當成一種行當來經營，但是一些地方出洋的人不多，國內投遞批局沒有設點到那裏，就只能仍由水

客帶送了，如梅州的一些山區，就一直是由水客帶送批信的，直至 1949 年後還是如此。

早期水客帶回的僑批，批封上往往只有寄批者寫的收批人名址、批銀數額，沒有批局印章和郵政戳記。後來，水客帶批也需要登記了，在國外，水客攬收批信後，因為沒有經營許可證，只能委託有許可證的批局代寄至國內，再由水客自己領出來投送。1949 年後，人民政府為了吸收外匯，仍然允許水客經營僑批，只要在國內登記，水客就可以領取到「水客證」或「僑批員」的證件，然後，水客在海外攬收的批信，通過委託海外批局寄入國內後，便可由其在國內自己投送，但批信都得通過郵政寄入，批銀必須通過中國銀行結匯。

批局形成後，批封上當然就多了批局的一些管理痕跡了，如蓋有批局印章，寫上列字及編號等。

當然了，這只是批局因批信寄遞及運作管理需要而留在批封上的印記而已。隨着批局經營的發展、批局與批局之間的經營競爭需要，使得批封（信封）、寫批信的信紙等日益專業化之外，亦趨於美觀大方，各式各樣圖案的批封及信箋應運而生。批局利用這些印有濃烈中華民族色彩、地方文化色彩的批封及信箋供華僑使用，一方面吸引華僑到自己的批局寄批，另一方面也是海外赤子有意無意的一種思鄉情結的表達。

目　錄

僑批上的貨幣名稱演變

僑批的消亡

附　錄

後　記　/163

參考文獻　/164

僑批溯源

一、近代中國民間金融業的萌芽與發展
——山西票號

　　山西票號又稱匯兌莊或票莊，是一種近代金融信用機構，開始主要承攬匯兌業務，後來也開展存款等業務。

　　山西票號的誕生，首先是近代社會商品經濟的發展對貨幣金融提出的新要求。中國的封建社會經濟，在明代中葉以後隨着社會生產力的提高，國外白銀流入的刺激，商品貨幣經濟有了較為明顯的發展。清初期，特別是康乾時期，國內政治安定，農業生產得以穩定發展，商品貨幣經濟較前更為活躍。國內市場擴展，不但有眾多地方性市場興起，而且全國大市場也在逐步形成之中。商品經濟的發展為商品的轉軌開闢了廣闊的流通幅度，自然地對貨幣金融提出了新要求，促使封建金融機構開始突破單純兌換範圍，逐步過渡到信貸階段。出現了不同地區債務清算和現金平衡等新問題，於是需要匯兌專業化。

　　第二，銀幣的廣泛使用，為金融業的發展提供了一定條件。清初，賦役規定銀米兼收，後來除了部分清糧外，幾乎全部徵收銀兩和錢。18世紀後，清朝的徵收賦役和發放薪餉一律用銀，這一時期貨幣地租也有新的發展。

　　第三，早期金融組織賬局、錢莊的出現為山西票號的產生創造了條件。雍正時，我國北方已出現與商業發生借貸關係的金融組織，稱賬局（又稱賬莊）。賬局主要分佈在北京、天津、張家口、太原等商埠，經營者多為晉人。雍正時，中俄恰克圖貿易開始，乾隆時恰克圖成為中俄「兩國通商的咽喉」，而內地商民到該地貿易的大多為山西人，由張家口販運綢緞布雜

貨等，易換各色皮張、氈毛等物。長途販運，商品流轉每周轉一次，有時需一年，需社會信貸的融通與支持，以完成長途販運。因為此故，晉商最早設立賬局於太原、汾州、張家口、庫倫。

第四，鏢局運現已不能適應越來越擴大的貨幣交易需要。在商品交易過程中，由於商人異地採購業務的不斷擴大，現銀調動額數也越來越大，次數亦愈來愈多，因此既安全又快速地運現就成為一個突出問題。鏢局就是在這種狀況下應運而生的專門運現機構。所謂鏢局，以「僱傭武藝高超之人，名為鏢師傅，腰繫鏢囊，內裝飛鏢，手持長槍（長矛），於車上或馱轎上插一小旗，旗上寫明師傅之姓，沿途強盜，看見標幟上的人，知為某人保鏢，某人武藝高強不敢侵犯。重在旗標，故名標局。」但是隨着社會的動盪，土匪四起，鏢局運現也不再安全。

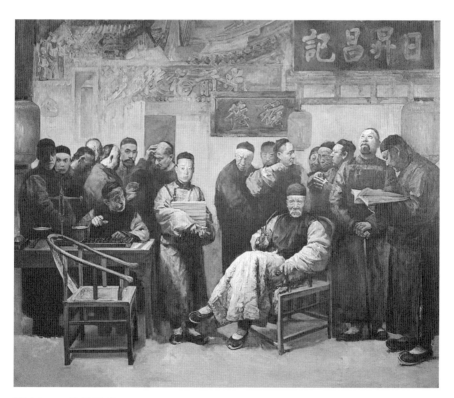

圖 1.1　日昇昌票號

上述幾種因素，促成了山西票號的誕生。清嘉慶、道光年間，民間有了信局，通行各省，官吏及商人迫切要求以匯兌取代運現，遂有了票號。今通行的説法是：山西第一家票號由雷履泰於道光初年，把日昇昌顏料舖改成票號，總號在平遙城西大街路南，分號在北京崇文門外草廠十條南口。幾年後出現蔚字五聯號等，為平遙幫票號。道光七年（1827年），祁縣合盛元茶莊改成票號，繼有大德通等，為祁縣幫票號。同年，谷志成信綢緞雜貨莊改成票號，又有協成乾等，為太谷幫票號。

票號存在約百年，前40年（道光、咸豐時期），是晉幫壟斷時期；同治二年（1863年），浙商胡光墉在上海設阜康票號，繼有楊源豐等為南幫票號。後60年（同治、光緒、宣統以及民國初期），是山西票號為主，南幫票號為輔時期。曲殿元在《中國金融與匯兌》（1930年上海大東書局版）中説：「山西票莊執中國金融界之牛耳，約百餘年。」

二、民信局的產生

民信局是私人經營的贏利機構，其業務包括寄遞信件、物品、經辦匯兌。民信局產生於何年？有一種觀點認為是產生於明代永樂年間（1403－1424），由寧波幫商人首創，但因其缺乏實物文獻的支持，至今這一觀點仍然有許多爭論。如果從現有實物來看，比較可信的為民信局產生於清嘉慶、道光年間，到了同治、咸豐、光緒時，全國大小民信局已達數千家。

我們從上面對民信局的業務範圍的介紹，不難看出南洋諸國的批局，是借鑒民信局而來的，如泰國的許多批局，直接就稱為信局或銀信局。

不過，海外的銀信局，與國內的民信局還是有一定的區別。首先，在國內民信局的收寄信件中，寄信人並不一定同時需要寄錢，純粹寄信亦可；其次，收寄信件的郵費（俗稱「酒力」「酒例」「酒資」等）一般多為到付。而海外僑批局收寄批信，其重點是寄銀，信是附帶，批信的郵費基本都是

圖 1.2　天津民信局

由寄批人支付；另外，由於民國政府的海關限制，海外批局一般不能寄送
物品，而收寄物品卻是國內民信局的一項重要業務。

三、出洋熱潮下僑批業的興起

華人出洋，早自唐宋年間便出現，但由於航海能力的限制，當年「出洋」
實際多從陸路。到了明、清兩代，大部分時間裏朝廷閉關鎖國，實行海禁，
故這時期，潮人出洋人數並不多，且一般到達僑居國後很難再回桑梓了。

乾隆十二年（1746 年），清政府特准沿海商人領照到暹羅採購大米和
木材，正式解除了外貿海禁。此時期沿海地區的商品化生產得以進一步發
展。商業的發展，帶動了外貿的興旺，如陶瓷、糖、水布等很快成為出口
熱銷商品。18 世紀末 19 世紀初，英國人開始殖民馬來亞，西班牙人亦為了
發展橡膠業及採礦業，需要大量耐勞且廉價的勞動力，便常常在中國沿海
招募華工。沿海商人和華工開始從海路到東南亞的暹羅、馬來亞等地經商
或打工。

圖 1.3　19 世紀後半葉，汕頭港碼頭人來人往

　　18 世紀末，西班牙殖民當局為了開發菲律賓羣島，放寬了對中國移民的限制，泉州地區移居菲律賓者逐漸增多。到了 19 世紀 80 年代，全菲華僑人口達到 93567 人，其中馬尼拉有華僑約五萬人。

　　粵東的華僑主要從樟林港坐紅頭船到暹羅經營商貿或做工。1860 年，隨着汕頭的開埠，潮人出洋更方便了，出洋人數也逐年增加。同治六年（1867 年），汕頭開始有汽船進港，其時德國新昌洋行、英國德記洋行和太古怡和洋行等，皆有輪船往來，停泊於汕頭海面。汕頭成為粵東對外最大的商貿集散港和潮人出洋必經之港。據資料記載，汕頭港自通汽船後，同治八年（1869 年），移民暹羅、新加坡等地人數就達 20824 人，至光緒二十一年（1895 年），每年出洋人數增至九萬多人。

四、水客的出現及批局形成

　　水客一詞有多種含義，一是指船夫、漁夫；二是指一種水中植物——菱花；三是指販運貨物的行商。隨着地域和時間的不同，還有特指走私者、

説話不算數的人等。為華工帶送批信的水客，應該屬於第三種，即販運貨物的行商。

由於各種原因，我們目前尚未能看到批局形成之前水客帶送的僑批實物，對早期水客怎樣為僑胞帶送僑批以及早期僑批在外觀上有何特色等，均無從了解。不過，早期水客所帶的「批」，除了銀錢，或許便只有代為寄批人傳言的「口信」。批局形成之前的水客批，可能沒有固定的形式，或是銀錢加上口授的問候（即所謂「口信」），又或許僅僅只有銀錢。因為水客若為較多的人帶送銀錢，往往難以一一附帶「口信」，而對於僑眷，見錢如見人，沒有「口信」亦是「信」，即見銀便是「平安批」。

圖 1.4 為一件同治七年六月十八日（1868 年）的寄批執據（即收據，俗稱票根），是目前發現最早的潮汕僑批執據。其採用對刓形式，中間蓋有信局印章，對刓後變成騎縫章。執據對刓之後一半給寄客，一半存檔。這種形式在批局成型初期具有一定代表性，到民國初中期，執據已經變成雙聯票，同樣一聯交寄客，一聯存檔。

「同治七年」的這件執據，因為對刓，無法斷定是哪個國家哪家批局所給，但可以看出，19 世紀 60 年代的南洋諸國，已經有較為規範的批局出現了。

我國現存最早的民信局實寄封是已故集郵家姜治方所收藏清代咸豐九年（1859 年）宜興寄北京的信封，今收藏於中國郵政博物館。海外批信局肇始於國內民信局，理論上 19 世紀上半葉同樣存在批信實物。僑批封上書信寄信時間習慣上都是使用干支紀年，寫批者為簡便常常只寫天干而沒有地支，這就給後來的人出了一個難題，因為天干有十個，每十年便是一個輪迴。如庚對應

圖 1.4

數字是「0」，1920 年是庚申年，1930 年是庚午年。若批信上只寫庚年某月某日寄，那具體究竟是哪一年呢？還有，干支紀年大輪迴是 60 年即一個甲子，1911 年是辛亥年，1851 年亦是辛亥年。

批局形成之後，水客並沒有消亡，因為一些交通不發達的地區，出洋打工的人本來就不多，且很分散，批局很難將批信送達，如梅州的一些山區，就一直是由水客帶送批信的，直至中華人民共和國成立後仍是如此。

從水客到批局，其實就是一種行業業務的擴大、成熟。隨着出洋華工人數越來越多，寄批者亦愈來愈多，這種需求已經可以形成產業了，一些大的水客也就把它當成一種行當來經營，批局便逐漸形成了。

圖 1.5　天一批局

南洋各國及中國香港僑批業

　　南洋是明清時期對東南亞一帶的稱呼，包括菲律賓羣島、印尼羣島、中南半島。主要國家有緬甸、泰國、柬埔寨、老撾、越南、菲律賓、馬來西亞、新加坡、汶萊、印尼、東帝汶，是近代廣東（包括海南）、福建等地華工出洋的主要目的國。從出洋華工地域分佈來看，潮梅地區的華僑主要分佈於泰國、馬來西亞、新加坡、印尼、越南；福建華僑則主要分佈在菲律賓、馬來西亞、新加坡、緬甸。

　　東南亞各國的僑批業，較為發達的主要是泰國和新加坡。兩國的僑批業有一個共同特點就是發展較早，兩國的國家郵政部門很早便注意並出台相關條例來管理僑批業。兩國的僑批業還有另一特點便是都有攬收、轉寄鄰國批局的批信。泰國一些相鄰的國家如老撾因華僑少，批信難以直接寄中國，需從泰國轉寄；而新加坡更是常常轉寄馬來西亞、印尼等地批局的批信。下面按國別展開介紹。

一、泰國

　　泰王國，簡稱泰國，首都曼谷。泰國位於中南半島中南部，東南臨太平洋泰國灣，西南臨印度洋安達曼海，西部及西北部與緬甸交界，東北部與老撾毗鄰，東連柬埔寨，南接馬來西亞。屬熱帶季風氣候，地勢北高南低，由西北向東南傾斜，總面積 513000 平方公里，海岸線 2705 公里。截至 2020 年末，泰國總人口為 6522.8 萬人。

　　泰國有 700 多年的歷史和文化。1238 年，泰國形成較為統一的國家，

先後經歷素可泰王朝、大城王朝、吞武里王朝和曼谷王朝。1350 年，烏通王在大城府建都，脫離素可泰王國宣佈獨立，建立阿瑜陀耶王國，不久吞併素可泰王國，被中國明朝封為暹羅國王。從 16 世紀起，先後遭到葡萄牙、荷蘭、英國和法國等殖民主義者的入侵。

1767 年，緬甸軍隊攻陷大城，阿瑜陀耶王國滅亡。阿瑜陀耶王國滅亡後，中國廣東澄海人鄭信在泰國東部招兵買馬擊退緬軍，建立起泰國第三代王朝吞武里王朝。鄭信決定將都城從大城遷移到靠近海的地點，這樣有利於對外貿易，並且萬一緬甸重新進犯，也便於防守和撤退。他在湄南河西岸的吞武里建立了新都城並最終統一暹羅，奠定了現代泰國的版圖。

1782 年，鄭信死後，查庫里將軍成為查庫里王朝的第一世國王，即拉瑪一世。拉瑪一世的第一項國政就是將王室都城從吞武里遷到河對岸的曼谷，並建造了大王宮。1824 年，拉瑪三世國王重新開始了同西方國家的聯繫，並發展同中國的貿易。1851 年，拉瑪四世國王與歐洲國家締結條約，建立起現代泰國。

1896 年，英法簽訂條約，規定暹羅為英屬緬甸和法屬印度支那的緩衝國，暹羅成為東南亞唯一沒有淪為殖民地的國家。

1932 年 6 月，民黨發動政變，改君主專制為君主立憲制。1933 年，拉瑪七世退位，他的姪子阿南塔・瑪希敦繼位為泰國國王。1938 年，鑾披汶執政。

1939 年 6 月，暹羅更名為泰國，意為「自由之地」。1945 年，復名暹羅。1949 年，暹羅再次更名，正式定名泰國。

18 世紀末期開始，特別是拉瑪三世執政之後的對外開放政策，吸引了不少華工來暹。泰國批局的形成，當然亦經歷了水客時期，從可考的實物看，應該是在 19 世紀末期才逐步形成並成熟。之後，隨着華工的不斷湧入，批局亦不斷新增。下面從批局發展的幾個階段，結合泰國政府不同時期對批局的管理作簡單介紹。

圖 2.1 鄭信

圖 2.2 拉瑪三世時的中國紅頭船

圖 2.3 19 世紀曼谷華人商業區耀華力路街景

1. 批局的形成和發展階段

19 世紀初期拉瑪三世國王執行對外開放政策，華僑開始陸續移民泰國。「1830 年，往中國的船隻帶回養家的批銀共六萬洋元（西班牙銀元），寄送僑批在小範圍內進行。」[1] 不過當時批局是否已經形成尚無文獻可考。

19 世紀末期，隨着華僑的數量不斷增加，曼谷已經出現批信局。據泰國國家檔案館資料，時有批信局約 20 家。至 20 世紀初，拉瑪五世時期，向政府登記在冊的批局（又稱「銀信局」）有 58 家，這 58 家批局大多為潮屬、客屬和瓊屬所經營，其中潮屬佔五分之四，閩屬和廣府尚沒有批信局。

序　號	批　局	地　址
1	永裕源	石龍軍路
2	謝源盛	三聘街
3	松和興	三聘街
4	曾錦記	三聘街
5	萬成順	三聘街
6	錦順隆	三聘街
7	有盛	三聘街
8	雲金發	石龍軍路
9	成順利銀信局	三聘街
10	陳協順	三聘街
11	和合順	三聘街
12	合興利	三聘街
13	吳泰安	三聘街
14	許泰萬昌	三聘街
15	新合順	三聘街

1　許茂春《東南亞華人與僑批》，泰國泰華進出口商會出版，2007.12，曼谷，第 57 頁。

（續上表）

序　號	批　局	地　址
16	協成豐	石龍軍路
17	永振發	石龍軍路
18	源成利	三聘街
19	萬安	三聘街
20	佳音	三聘街
21	謙和祥	三聘街
22	吳亮合	三聘街
23	萬德盛信局	三聘街
24	廣順利	三聘街
25	陳美盛	三聘街
26	陳天合集成昌	三聘街
27	陳炳春	三聘街
28	振盛興	三聘街
29	鄭謙和	三聘街
30	和合祥	石龍軍路
31	捷安	三聘街
32	匯昌	三聘街
33	協和	三聘街
34	符茂和	三聘街
35	永義發	石龍軍路
36	謝振豐	石龍軍路
37	永豐發	石龍軍路
38	協盛	石龍軍路
39	義豐泰	石龍軍路
40	協豐泰	石龍軍路
41	南華盛	三聘街

（續上表）

序　號	批　局	地　址
42	陳裕大記	三聘街
43	保發利	三聘街
44	永華盛	三聘街
45	白川忠	三聘街
46	錦順昌	三聘街
47	興昌利	三聘街
48	祥茂	三聘街
49	源德利	三聘街
50	保興利	挽叻縣
51	順祥盛	三聘街
52	仲興利	挽叻縣
53	泰興盛	三聘街
54	匯亞利	石龍軍路
55	益興盛	三聘街
56	王同益	三聘街
57	保安	三聘街
58	元成利	三聘街

　　隨着華僑寄銀信回中國的數量越來越多，為了加強管理，1907 年 4 月 1 日，泰國郵政部門便在曼谷三聘街設立了第八郵政局，專門管理華僑的僑批郵寄業務。[1]

　　最初，批局攬收的批信只要打包後，到郵局稱重交納郵費，便可自行帶上前往汕頭的汽船。總包重量一般都比信件重許多，且是國際郵資，一

1　許茂春編著《東南亞華人與僑批》，泰國泰華進出口商會出版，2007.12，曼谷，第 61 頁。另據洪林、梨道綱編著《泰國僑批業資料薈萃》，曼谷第八郵政局開設時間是 1908 年 4 月 1 日。

個總包如果用普通國內郵資面值的郵票，往往得把總包貼得滿滿。為了方便批局寄遞總包，泰國郵政便印製了一些高面值的郵票，讓批局在寄總包時貼用。批局為了讓同樣重量的總包裏能寄更多的批信，就用很薄的紙讓寄批者寫信，而且可不用信封書寫收批人名址（因批局經營者大都也是老鄉），而是將信紙摺疊後，直接在信紙背上書寫收批人名址和寄批款。後來當局發現了這一現象，認為有損政府的郵政收入，便更改了總包稱重計費的辦法，並宣佈自 1927 年 1 月 1 日起，所有寄中國的批信必須逐封貼足郵資投寄。

2. 華僑銀信局公會（所）的成立

　　隨着僑批業的發展，批局不斷增加，20 世紀 20 年代開始出現批業公會（所）之類的組織。目前能看到的最早名稱見於 1926 年 12 月 15 日暹羅《中華民報》，該報紙當日刊載一則廣告「寄唐批者須知」，落款是「旅暹潮梅批業公所」；同日的《華暹新報》亦以「緊要告白」為題，刊登相同內容的廣告。

　　1927 年 5 月 24 日曼谷《民國日報》的一則新聞，又出現了「信局團」和「華僑批業公會」名稱。「旅暹潮梅批業公所」「信局團」和「華僑批業公會」等名稱，究竟是指同一團體，還是多家同性質組織，因缺乏資料，尚未能考證。

　　針對暹政府要求批信逐封貼郵的政策，1927 年 5 月，華僑批業公會致函郵政總局，請求收回成命。原因是「每當汕輪放行，各屬批局不下百數十家，對於檢查批信，恐不能赴輪，均爭先恐後，極形擁擠，偶爾失撿，諸多不便。擬再要求總局，准予自行封包，報明號數。倘確因有嫌疑時，始行檢查，方不至有礙進行。」[1] 經批業公會的力爭，郵政總局終於收回成命。

　　經過兩年左右的時間，當局想出了一個既不用逐封貼郵，又不會增加

1　暹羅《民國日報》1927 年 5 月 24 日《信局團要求批信自由封包》，見洪林、梨道綱編著
　　《泰國僑批業資料薈萃》，第 6 頁。

工作量的「兩全其美」政策。1929 年 11 月，暹羅郵政總局發佈公告稱，將於同年 12 月 15 日發行一種帶國際郵資的郵政信封，此種郵資信封面值 15 士丁，售價 15 士丁，主要用於批局寄發批信至中國。[1] 如果不用郵資信封，則仍要求每批信要貼用相同郵資的郵票，實際這仍然是取消總包辦法而改為逐封貼票。消息一經發佈，華商信局公會遂於 11 月 20 日召開會議，議決上書交通部，認為「若准此實行，手續繁多，各方面胥感困難」。[2] 但是這次暹羅郵政當局並沒有再「收回成命」，而是繼續執行。不過當局同意，只要每件批信貼足郵資，仍然可以總包寄發，但需在郵政人員的檢查監督下進行，且需在總包外貼「曼谷第八郵政局／此總包內所含郵件郵資已付」字樣、由郵政局長簽名並蓋上郵戳的紅色單子。

圖 2.4　自帶總包許可證

1　暹羅《華僑日報》1929 年 11 月 29 日《暹郵電總局發行郵政信封》，見洪林、梨道綱編著《泰國僑批業資料薈萃》，第 12 頁。

2　暹羅《華僑日報》1929 年 11 月 20 日《本咯（編者按：即曼谷）華商信局昨天開會討論關於政府限制批包事》，見洪林、梨道綱編著《泰國僑批業資料薈萃》，第 12 頁。

因批局使用郵資封確實減免不少工作量，故從 1929 年底至 1939 年前後泰國的僑批基本都是用這種 15 士丁郵資信封寄遞，批局極少使用普通信封加貼郵票。1939 年下半年至 1940 年，大概是郵政方面的 15 士丁郵資信封已經用完，批信出現一種紅色郵資圖、面值 10 士丁的郵資封，因寄中國是 15 士丁便在該封上加貼 5 士丁郵票。

1941 年下半年及之後，批信使用郵資封的情況基本消失，批信仍然實行逐封貼用郵票。各批局開始各自印製一種帶批局名稱地址的可對摺的批箋提供給寄客使用，因時值第二次世界大戰，批信常常需接受軍事檢查，使用這種信紙式的批箋方便受檢。

1932 年 1 月 31 日，暹羅華僑銀信局公所正式註冊。首任理事長是吳泰安，批局負責人陳鶴九，副理事長是廣順利的謝毅庵。此外還有 12 名理事，分別為鄭成順利批局、同發利、新合順、和合祥、曾錦記、協成興、陳炳春、泰萬昌、祥生泰、陳協順、泰記、永振發等批局負責人。[1] 暹羅華僑銀信局公所一直到 1947 年 6 月才更名為暹羅華僑銀信局公會。

1932 年 6 月，暹羅民黨發動政變，改君主專制為君主立憲制。民黨政府起初有意限制僑批業，定下了重稅政策。時任暹羅中華總商會會長陳守明不同意該政策，向民黨政府呈文力陳理由，使民黨政府對華僑批業未再嚴加管制。

整個 20 世紀 30 年代，泰國的僑批業穩定發展。期間，旅暹華僑不斷增多，批局亦迅速增加，無形中加劇了批局之間的競爭。競爭的結果當然是有利於僑胞寄批，但批局利潤減少，只能以兼營形式存在，如銀行、錢莊、金舖、碾米舖、外貿等等，均可兼營僑批業。

3. 二戰爆發後批局應對新變化

1939 年 5 月 22 日，暹羅華僑銀信局公所在各華文報紙上刊登通告稱「逕啟者，照暹政府新頒國稅法規定，批館收到批項，無論多少，應寫收

1　參見洪林、梨道綱編著《泰國僑批業資料薈萃》，第 31 頁。另，「曾錦記」在原文為「曾今記」，可能為筆誤。

據，應貼印花。計每五銖或不到五銖之餘數，應貼印花十士丁，如五銖以上十銖以下，則應貼印花廿士丁，其餘以此類推。限期陽曆六月一日起實行。本公所會員，經議決依期遵守政府法令。六月一日以後，一律貼足印花。山巴本谷代理收批同業，務應於收到批項時，依例貼足，庶免有干法例。否則，曼谷總局亦即本公所會員恕不代負責任。特此通告。」[1]

　　1939 年 6 月 21 日，日軍攻佔汕頭市，汕頭淪陷。6 月 22 日，暹羅華僑銀信局公所開會決定，潮梅僑批照常接寄，由海運至香港交廣東當地政府處理。但由於批信自香港進入廣東郵路不暢和一些地方因戰事無法投遞等原因，1939 年 6 月 30 日，暹羅華僑銀信局公所決定暫停泰國批信的配寄。[2]

　　大約停歇了三個月，1939 年 10 月 10 日，在各方的努力下泰國僑批業終於恢復營業。華僑銀信局公所在啟事中告知，恢復後的批價，按照上海匯市價格逐日決定，批腳費亦做相應調整。具體為：（1）批期（即每月幫次）：原來每月固定有三班輪船直達汕頭港，即可配三幫僑批寄汕頭。自汕頭淪陷之後，航班中斷，僑批不再直接經汕頭入口，改為從香港入口，仍然擬每月三幫，每十天一幫。為了節省費用，不以航空寄批，仍由輪船運輸。（2）封批時間：原來為輪船開行前數小時，現改為提前兩天。（3）退批辦法：因潮汕現仍處於戰區，批信寄達地或因當地正發生戰事無法投送，終須退回；淪陷區中，如無法找到收信人時，亦必須退回。退回的批信，由寄批人負擔批腳費用，批局負擔往返匯費。（4）批價申算：以前以港滬匯市起落為標準，現改為以港滬匯漲跌為標準。（5）回批時間：因郵途多有阻礙，回批寄達時間需 20 天左右。（6）現款寄批：從前批局，對一般顧客均有放賬辦法（即賒批），據調查放賬幾佔三分之二，現各批局已規定寄批皆收現款。此外，還強調批信中勿涉及政治與戰事，庶免多生阻礙。[3]

1　參見 1939 年 5 月 22 日《中原報》。

2　參見 1939 年 6 月 30 日暹羅《中原報》《中華民報》新聞稿《銀信局公所昨天開大會議決今天起僑批暫停配寄》。

3　參見曼谷《中原報》1939 年 10 月 10 日報道。

1939 年 10 月 23 日，暫停了三個多月的泰國首幫僑批寄出。[1]

為了加快批信的寄達時間，暹羅銀信局公所再次決定採用航空郵寄批信辦法。1940 年 1 月 27 日，暹羅銀信局公所刊登啟事稱「本公所為謀使回批快捷及劃一配批時間，經全體會員大會議決，自國曆 2 月 1 日後批信概於星期六郵寄飛航，每周規定一次。回批則由火船運來。批腳每封一律徵收 45 士丁，郵封在外。至於批價則因匯款路線不同匯費略異，故議將海澄饒詔四縣與潮普揭豐惠五縣批價暫行分別各依匯水申算派定，兩種價格誠恐誤會特此通告。二月十日起適值舊曆年假，該幫客批停配俟二月十七日（拜六）合幫郵寄。」[2]

圖 2.5　成順利振寄僑批加貼印花

圖 2.6　來回航空寄批

1　參見曼谷《中原報》1939 年 10 月 24 日報道。

2　參見曼谷《中原報》1940 年 1 月 27 日報道。

從僑批實物看，當時的批信上既蓋有「單航」，亦蓋有「來回航空」或「雙航」的紅色文字印章，說明當時一些批局為了競爭需要，並沒有統一按照銀信局公所的「政策」執行。

1940 年 12 月 6 日，銀信局公所又向華僑發「緊要啟事」稱，「因泰國政府宣佈檢查郵信，僑批自亦不能例外。本公所為此特議決自即日起寄出僑批一律改用口信，俾便檢查。當此非常時期凡我僑胞往返批信望勿涉及軍事政治致干禁令是為切禱。」[1]

1941 年 12 月 7 日，日軍偷襲珍珠港，太平洋戰爭爆發。第二天，日軍佔領泰國，泰國政府向日軍投降並加入「軸心國」。投降後的泰國政府嚴厲限制華僑活動，所有華文報紙被封，只留下一家被日本人接收的《中原報》，批局雖然得以部分繼續經營，但仍受到諸多限制和管理。

日軍佔領泰國之後，部分軍費要泰國支付，以致泰國軍費激增。泰財政部乃出台統制外匯條例，規定外僑每次匯款不得超過暹幣 50 銖，且每月只許買匯一次。若有特別情形者，每人每月可匯 400 銖，但必須向財政部請求批准。該條例頒佈後交國家銀行執行，但其時太平洋已陷非常狀態，一切金融經濟被日本人控制，條例實際上由日人開設的正金銀行執行。各批局分配的款項，按營業等級定，每月從數萬到數千銖，最多不超五萬銖。時批局只有數十家，總計華僑匯款每月僅數十萬銖，匯價每元 20 士丁。匯款需按儲備券折算，儲備券一元當國幣二元。且因郵途多有阻礙，往往一信之寄，經年不返。僑胞對批局裹足不前，以致實際上批信基本斷絕。從 1941 年 12 月到 1945 年抗戰勝利這段時間成為泰國僑批業的至暗時期。[2]

此時期，寄往潮梅的僑批經汕頭的所謂「和平區」中轉時，須由日偽政權的偽僑務委員會檢查，蓋「僑委會駐汕處准許分發僑批」藍色圓形檢查章。

1　參見曼谷《中原報》1940 年 12 月 6 日《華僑銀信局公所緊要啟事》。

2　參見 1946 年 4 月 1 日曼谷《光華報》。

4. 抗戰勝利後的泰國批業

1945 年 8 月 15 日，日本天皇宣佈無條件投降，抗戰勝利。

初期，因許多僑批局長期未能經營，改做其他商貿或歇業，為解決僑胞同家鄉親人聯繫的燃眉之急，一些水客便以回梓為由，在報紙上刊登廣告，招徠生意。

但水客的營業，對於戰後華僑對寄匯之亟需，可謂杯水車薪。二戰的結束帶給華僑巨大的希望，批局紛紛恢復營業，新增的批局亦不在少數。據曼谷《全民報》報導，淪陷時期泰國批局只剩下 20 餘家，戰後迅速增加到 70 餘家。泰國當局卻強調日佔時期的統制外匯政策仍然生效。

統制外匯政策成為懸在批局頭上的達摩克利斯之劍，無論郵局、銀行、稅務機關等單位均可對批局進行檢查。除了每月批款金額的限定外，自 1939 年 6 月 1 日的印花稅政策亦仍然有效，只是當局之前沒有認真執

圖 2.7　侯振利銀業啟事　　圖 2.8　張伯周啟事

行。自戰後當局重申統制外匯政策後，有投機的公務員，每每守候在批局門口，伺機而動，被查獲者雖不致上法庭，然「油水」之費卻少不了。一般批局不勝其擾，不是停止營業，便改為暗中操作。

1946 年 3 月 29 日（星期五）是批局封批日，批局人員將批包帶到第八郵政局準備寄發時，郵局工作人員卻拒絕接收郵件，稱接暹國家銀行通知，統制外匯的禁令尚未取消，郵局不能再接收配寄批包。[1]

原來是因為在 3 月 29 日之前，中央郵局發現有三幫匯款違反統制條例而被扣留，正交國家銀行審查；且還有海關人員在港輪開行前的例行檢查中，發現有大批黃金流出，儘管帶黃金之人說明這些黃金是作為僑匯帶出。為制止這一現象，泰政府重申原來的統制法令並採取各種措施，一方面加強海關檢查，另一方面則要求中央郵局轉令第八郵政局，不准接收僑批。第八郵政局接到命令後，即電告各信局。

第八郵政局通電之後，引起泰國僑界的關注，僑領紛紛出面陳情，經多次交涉，1946 年 8 月 29 日，暹羅國家外匯統制局終於發佈了新的統制政策，新政策其實是對原來政策的修訂。新的統制政策有六條內容，最主要有三條，即每人每月匯款 50 銖無需請准，批局經營僑匯則必須重新申請登記，各匯兌莊每月需用外匯若干，可呈交統制局逐月批准。[2]

上文曾說自 1939 年 6 月 1 日起執行的印花稅因當局沒有認真執行，批局自也樂見其成，卻不料自 1947 年 1 月，泰國財政部開始針對批業界的印花稅進行抽查。據曼谷《民聲日報》1947 年 1 月 30 日以「暹財部昨大舉抽查印花，三聘批局被查獲漏貼者達十餘家」為題報導了暹財政部門對批局印花貼用情況的抽查。

可以說，泰國僑批業自抗戰勝利後迅速發展，但當局的各種限制僑匯政策，與批局的發展形成了極其不對稱的反差。1947 年起，批局因國內金融通脹的加劇以及國際金融的波動而致倒閉者不在少數。批局的收批亦經

1　參見 1946 年 4 月 1 日曼谷《全民報》。

2　參見 1946 年 9 月 2 日曼谷《光華報》。

常因匯率倒掛或郵資提價而被迫中斷。到 1949 年 6 月，幾乎到了業務的最低谷。

20 世紀 50 年代初期，泰國批信行業仍然處於動盪時期。先是一些批局因大陸政權更迭，打起了走私僑匯的歪主意，隨着朝鮮戰爭的爆發，泰國政府一方面為迎合美國的旨意以博取美援，另一方面則打着回應「聯合國經濟制裁中共」的口號，準備禁止僑批業，出台了更多限制僑匯的措施。雖然在各方的呼籲及壓力下，最終沒有禁止僑批業，但實際上已對批局的業務產生很大的消極影響。據資料介紹，到 1953 年前後，華僑銀信局公會會員僅剩 60 餘家，比 1951 年減少 20 餘家。潮幫原有 80 餘家，到 1952 年只存 40 家，還有三四家準備停業。[1]

1953 年 2 月 4 日，泰國財政部發文要求所有批局營業執照作廢，需重新申領方可繼續營業。最初，當局為了限制僑批業，只批准永順利（馬燦峰）、永華利（馬修登）、永興利（馬燦廣）三家可以繼續營業，其他批局一概不許。經東北火礱公會主席、大城銀行行長王慕能的撮合，以各銀信局聯合的方式組織「信聯」，由「信聯」一個公司改為三個公司，即是按財政部發給的三個營業執照組成的辦事機構，由王慕能任董事長，陳弼臣任董事財政，三家公司名稱為「臣信」「能信」「永順利」（後改為「名信」）。三個公司共選出董事 15 人，計潮屬十人，瓊屬二人，福屬一人，廣屬一人，客屬一人，分三組掌理三家公司業務。

1956 年 7 月 30 日財政部發給的執照到期，經三年多的實踐，財政部亦意識到只發給三張營業執照太少，決定增加到 12 張，並按 64 家批局所屬籍貫分別分配執照數量。最終財政部核發時只發給 11 張執照，另一張被農業銀行與植通銀行合作成立的萬通有限公司領去。經 64 家批局開會相量決定，11 張執照分別由 64 家批局組成 11 個新公司，名稱為潮屬七家：康樂信局有限公司、崇駿信局有限公司、大業信局有限公司、孚中信局有限公

1　參見洪林、梨道綱編著《泰國僑批業資料薈萃》，第 451 頁。

司、盛中信局有限公司、偉中信局有限公司、宏大信局有限公司；瓊屬一家：惠僑信局有限公司；客屬一家：建立信局有限公司；廣屬一家：志通信局有限公司；福屬一家：公義信局有限公司。

20 世紀 50 年代到 60 年代中後期，泰國批信仍然採用逐封貼票方式，60 年代後期至 80 年代批局完全結業，批信又沒有逐封貼用郵資了。

二、新加坡

英國人萊佛士 1819 年佔領新加坡後，便派船到福建、廣東沿海一帶，大批招募或擄掠中國人到新加坡從事開發。1823 年，新加坡華人剛超過三千人，到 1860 年便增至五萬。1860 年汕頭開埠後不久，新加坡與汕頭便通了汽船，潮籍移民不斷從汕頭埠乘船到達新加坡。

1876 年，新加坡當局針對不斷增加的華僑匯款，於馬吉街 81 號開設了一個既管理又經營的華人小郵局。開設之初，被華人誤會為「搶飯碗」而產生了衝突事件。因為華人小郵局成立後，一方面大力宣傳其寄批的方便快捷來吸引華僑到他那裏寄批，另一方面又遵照當局的旨意要求各批局必

圖 2.9　駛入新加坡的輪船

須受其登記管理。

在潮汕華僑中，新加坡華僑數量僅次於泰國華僑。據民國 1930 年代統計，從 1926 年至 1932 年的七年中，新加坡華僑所寄僑匯 4600 多萬元，平均每年 660 萬元，約佔潮僑海外匯款的 22%。

新加坡郵政當局自 1876 年設立華人小郵局後，開始對批局實行管理，規定：批局必須到官方的郵政部門登記註冊，同時設立 A、B 兩種牌照。領取 A 牌照者可直接經營僑批的收寄業務，即將攬收的僑批直接通過郵政局寄達中國；領取 B 牌照的批局，雖然也可經營僑批，但是其攬收的批信只能委託具有 A 牌照的批局寄達中國，也就是沒有直接的批業經營權。因此，我們現在看到一些批封背面蓋有兩個新加坡批局的印章的僑批，往往就是 B 牌批局攬收批後委託 A 牌批局寄遞的僑批。

新加坡郵政當局還規定，批信按件數點數後，一律用總包方式貼票後交郵局寄達中國。因為每件批信上都沒有貼郵票，汕頭郵政在批信到達汕頭後，便在每件批信上加蓋到達汕頭的日郵戳，以便查餉。

新加坡僑批除了沒有貼票跟泰國僑批不同外，其批局對批信的管理也跟泰國批局有所不同。泰國批局對批信在攬收登記時，一般用《千字文》中的文字順序作為列字編號的順序；而新加坡批局則不一樣了，有用批局

圖 2.10　新加坡再和成偉記信局

自己的名字作順序列字的、有用批局所在地的地名作列字的、還有用批局老闆名字作列字、用吉祥文字列字、甚至用英文字母作列字等等，十分多樣，這跟新加坡本身的多元文化似乎密切相關。

三、馬來西亞

馬來西亞由馬來半島南部的馬來亞、加里曼丹島北部的沙撈越和沙巴三部分組成，面積約 33 萬平方公里，劃分為 13 個州和一個聯邦特轄區。1970 年，在馬來亞地區馬來族約佔 58%，華族約佔 31%，其他還有印度人、巴基斯坦人、歐洲人等，沙撈越和沙巴地區以伊班族和卡達山族為主體的土著民族佔 50%，其餘則有華族和馬來族等。伊斯蘭教為國教，馬來語為官方語言，通用英語和華語。

公元初馬來半島建立了羯荼、狼牙修等古國，15 世紀發展成為統一的王國和東南亞主要貿易中心。16 世紀開始，相繼遭到葡、荷等國殖民者的侵略。19 世紀 20 年代起，馬來亞各州逐漸淪為英國殖民地。第二次世界大戰時，馬來亞、沙撈越、沙巴被日本佔領。日本投降後，英國恢復了殖民

圖 2.11　　馬來西亞檳榔嶼郵政總局舊貌

統治。馬來亞於 1948 年 2 月 1 日成立馬來亞聯合邦，1957 年 8 月 31 日在英聯邦內宣佈獨立。1963 年 9 月 16 日馬來亞聯合邦和新加坡、沙撈越、沙巴合併，組成馬來西亞，1965 年 8 月 9 日新加坡宣佈退出。

明代我國已與馬來亞有經貿往來，16 世紀初，葡萄牙人抵達馬六甲時，所繪當地地圖已標有中國山、中國溪、中國村、漳州門等，說明華僑早已移民那裏了。

馬來西亞僑批業同樣是在近代華僑大量湧入的背景下逐步形成的，當地華僑大多為勞工，特別是契約勞工，他們從事的行業主要是種植業和礦業，如橡膠、棕油、胡椒種植和錫礦開採。

20 世紀初，英國殖民者對僑批業不加干涉，批信局完全自由營業，隨着批業的不斷發展，引起殖民當局的注意，英殖民當局始頒佈相關法令，要求批業需領取執照方可經營，申請執照需由兩名股東署名方可申領。由於一些批局經營不善而很快倒閉，後來又要求申辦批業還需有產業擔保。馬來西亞的僑批跟新加坡一樣，都是計件後總包貼票寄發，因此馬來西亞的僑批上一般也沒有再貼郵票。由於馬來西亞分為東西兩大地區，西馬來各州的僑批多習慣自各州集中到首都吉隆坡寄發，東馬來各州則因距吉隆坡太遠而多自沙撈越直接寄至香港中轉。

圖 2.12　馬來西亞僑批總包

四、菲律賓

　　菲律賓是東南亞的一個島國。它東臨太平洋，西瀕南海，北隔巴士海峽與我國台灣島相望，南、西南與印尼和馬來西亞隔海相鄰，有大小島嶼七千多個，陸地面積 30 多萬平方公里。

　　同印尼一樣，華人很早就到達了菲律賓。1565 年，西班牙殖民者佔領菲律賓後，先是利用華人到菲貿易，當華人的人數不斷增加壯大後，西班牙殖民者懼怕華人損害他們的利益，又採取種種限制措施來削弱華人的數量和利益。1896 年菲律賓人民發動反抗西班牙殖民統治的起義，並於兩年後的 1898 年 6 月 12 日驅逐了西班牙殖民者，宣佈獨立。但好景不長，前門趕走了狼，後門又來了虎，同年美國就侵佔了菲律賓，新生的共和國於是被消滅，直至 1935 年底，才獲得自治。1942 年 1 月，日軍佔領了菲律賓，菲律賓淪為日本的殖民地。二戰後，美國再次接管菲律賓，直至 1946 年 7 月 4 日，菲律賓才重獲獨立。

　　由於地理位置和歷史上形成的原因，居留菲律賓的華僑多數來自閩南地區，18 世紀末，西班牙殖民當局為了開發菲律賓羣島，開始放寬對中國移民的政策，泉州地區移居菲律賓者逐漸增多。到了 19 世紀 80 年代，全菲華僑人口達到 93567 人，其中馬尼拉有華僑人口約五萬人。美國殖民者入侵

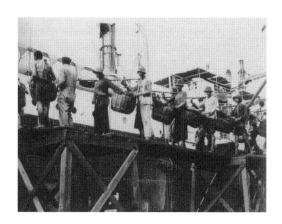

圖 2.13　菲律賓碼頭的華工

圖 2.14　菲律賓民生信局

菲律賓後，開始也採取限制華僑到菲政策，民國成立以後，華僑進入菲律賓才逐漸增多。1939 年中國駐菲總領事館對旅居菲律賓的華僑進行一次全面登記，共有 13 萬人。中華人民共和國成立後，菲律賓政府禁止中國移民入境。

19 世紀 80 年代後，福建人開始在菲律賓開設批局，著名的天一信局就是其中一家。20 世紀 20 年代，菲律賓僑批業進入規範化發展時期。1927 年之前，菲律賓的僑批同樣用總包計郵寄達中國，1927 年後，菲律賓郵政當局開始要求批信逐封貼票寄發。1949 年之後，菲律賓政府禁止華僑匯款回國。

由於菲律賓長期被殖民統治，無論郵政或金融業都有明顯的殖民痕跡，批局收寄僑匯則呈現多樣化手法特點。二戰前，批局多以信匯寄批；二戰後，由於國內貨幣快速貶值，批局採取美元匯款或電匯手段，票匯也多為批局採用。

五、印度尼西亞

印度尼西亞的華人有着相當悠久的歷史。據古籍文獻記載以及對出土文物的考察，華人移居印尼的時間至少可以追溯到唐朝末年，也就是說，1100 多年前，華人就已經在印尼居住生活了。當時的華人，通過海上絲綢

之路，輾轉來到印尼，把從中國運來的絲綢、布疋、瓷器、茶葉等貨物，換成當地出產的香料、藥材、珠寶等土特產，並將中國的種植、養蠶、釀酒、製糖、製絹、冶練、鑄造等生產技術和古老的文明傳到了印尼，為印尼生產力的原始開拓、發展和經濟的繁榮立下了不可磨滅的功勳。據記載，至 1739 年，居住在巴達維亞城內外的華人人口已近 1.5 萬人。至 20 世紀 30 年代，居住在印尼的華人約有三分之二屬於在當地出生的華裔，其中有 43% 以上的華人家庭已在印尼居住生活了三代以上，有些古老的華人家庭在印尼繁衍定居歷史更達數百年之久。

僑批是移居海外華僑寄回家鄉的銀信，是華僑的贍家款，往往為到海外經商、打工者，才會定期寄款，對那些已世代移居、「落地生根」的華人來說，一般都不會再寄錢回家鄉了。

印尼僑批同樣是在近代海外移民浪潮後產生的。潮人移居印尼，大都先到新加坡或馬來亞後再轉達廖內、日里、占碑、巨港等地。近代印尼受到荷蘭殖民統治，荷蘭殖民者不僅對印尼原住民進行掠奪，也對華族進行粗暴的劫掠和屠殺。為了方便其殖民統治，殖民當局故意挑撥原住民跟華族的矛盾，讓原住民對華族恣意挑釁。二戰後，印尼獨立，但印尼政府繼承了荷蘭殖民當局對華族的歧視政策，華族匯款受到諸多限制，特別是中

圖 2.15　印尼爪哇島咖啡園的華工

圖 2.16　印尼坤甸僑批

華人民共和國成立後，更是採取禁匯政策，華族匯款多從馬來西亞或新加坡轉寄。

　　印尼僑批，也是每封均需貼足郵資，寄至香港中轉到汕頭，再由汕頭的聯號批局投送到僑戶手中。1949 年以後，印尼當局對華實施禁匯政策，當地批局只能轉入地下經營，用「暗批」方式通過馬來西亞或新加坡中轉至香港，再由香港寄達汕頭。因為「暗批」是暗中操作的，經馬來西亞或新加坡中轉都是按新馬批局的操作方法即以總包收寄，所以 1949 年之後的印尼批也大都不貼郵票。

六、越南

　　越南與我國相鄰。早在秦始皇統一中國時，所設象郡即是今天的越南中北部。公元前 111 年，漢武帝出兵滅了南越國，改設交趾部，唐朝時則

設「安南都護府」。939 年，越南趁唐末大亂脫離中國。宋太祖即位後，越南接受宋太祖冊封為交趾郡王，中國皇帝正式承認越南是自治的藩屬國，直至 19 世紀法國侵略越南，才由法國取代了中國的宗主國地位。

19 世紀下半葉，中國開始出現移居越南的風潮，主要有兩方面因素：首先是中國國內社會動亂，如 1840 年的鴉片戰爭，1851—1864 年的太平天國運動及隨後的捻軍起義；其次，法國殖民政府為開發越南，採取吸引中國勞動者的政策，特別是 1860 年清政府被逼承認契約華工到海外謀生的權利，促進了大量國人出境。華工進入越南，主要從事開礦、修築越南至華南各省的鐵路以及橡膠園的種植、割膠。

據資料記載，20 世紀初，在越南的華僑為 11.7 萬人，其中福建人較多，後來廣東人也迅速增加，1920 年前，華工已佔越南所有礦工的 70%。

由於華僑主要集中於越南的西貢堤岸區，因而僑批業也相應集中於此。自光緒元年至抗戰前，越南的批信基本上都從堤岸通過海路運送到中國。20 世紀初，越南的批信局以西貢的悅仁局和天一局最多，大約有 30 多間。

1910 年代的越南僑批，以摺紙形式寄批，即把書信寫好後摺疊成小長方形，在信紙的背面寫上收件人名址和寄銀數額並貼上郵票。

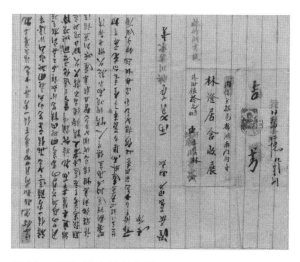

圖 2.17　1916 年的越南僑批

除潮幫批局外，還有銀行兼營僑批業務，主要為法國銀行、滙豐銀行等，郵政機構也經營部分僑匯。1927 年之前的越南僑批，一般都是以總包方式寄出，偶爾也有逐封貼票。1927 年起，取消總包寄批方式，改為逐封貼票收寄。二戰期間，越南寄往中國汕頭「安全區」（即淪陷區）的僑匯指定由親日的中南公司專辦，每戶每次匯款額限越幣 50 元內，批款由台灣銀行匯寄，批信不經郵政收寄，而是遞由駐越日本公使館寄交汕頭的日本領事館，再轉交中南公司的汕頭分行，由汕頭分行發通知書讓僑戶自行到汕領取。與此同時，華僑陳植芳等人祕密開闢了一條從越南芒街至廣東東興的匯路，可達潮汕國統區，讓包含越南在內的東南亞的僑匯得以源源不斷的寄入，僑眷也得獲僑匯的贍養。

1950 年後，越南對華僑採取禁匯政策，批局同樣只能用暗批方式通過香港轉寄僑批。

七、老撾

老撾也稱寮國，位於中南半島北部，是東南亞唯一的內陸國家。其國土北部與我國相連，東和東南跟越南接壤，南接柬埔寨，西北與泰國交界。

老撾自 14 世紀便建立了統一的瀾滄王國，18 世紀後期淪為暹羅的保護國，1893 年又淪為法國的保護國。

中國人旅居老撾歷史悠久，老撾的主體民族寮族，跟我國的少數民族傣族本是同源，兩國山水相連，人民很早就有往來。據史料記載，明永樂年間（即 15 世紀初期），中老使節已有往來，老撾境內的王朝也先後向明、清兩朝派遣朝貢使節 20 多次。19 世紀末期，老撾淪為法國保護國後，老撾成為法屬印度支那聯邦的組成部分，法國殖民主義者為了掠奪其資源，採用種種手段，如允許華僑無償開墾土地，免徵出入口貨物稅收，自由出入境等，吸引華僑進入老撾，華僑便開始從越南和泰國進入老撾經商或打工。

老撾是個多山地和高原的內陸國，交通極不方便，因而其華僑數在東

南亞諸國中也最少，19世紀末期大約有5000多人，至二戰後，增至4—5萬人，主要集中在中南部地區，如首都萬象和沙灣拿吉、巴色、琅勃拉邦等省會城市。該國華僑的移出地主要為雲南、廣東、福建，大多數從事餐飲、食品加工、日用百貨、土產、釀酒、碾米、鋸木等傳統行業。

　　老撾的僑批業難以發展，一方面是該地的華僑數相對於東南亞其他國家偏少，另一方面則是其處於內陸，山地高原面積佔國土面積近八成，交通不便，批信往往只能就近從鄰國寄往中國。如老撾僑批常常需通過越南或泰國中轉才能寄達中國，這應該也跟華僑習慣從泰國進入老撾經商有關係。從批信實物看，泰國的一些批局如黃潮興信局、陳炳春信局、元昌批局和越南的玉合批局等，都有攬收或代理老撾批信。當時的泰國郵政規定，外地批信通過郵政寄至曼谷第八郵政局再由第八郵政局寄往中國，只需一個國際郵資即十五士丁。如果自行帶至第八郵政局再寄往中國，則須加貼五士丁。因老撾華僑的批信，一般需通過代理帶至泰國轉寄中國，或通過越南轉寄中國；如果自行帶到曼谷第八郵政局轉寄的，則按照泰國郵政規定，即十五士丁國際郵資加五士丁；如果通過越南轉寄，另需貼用越

圖 2.18　經泰國轉寄中國的老撾北紗僑批

南郵資。故老撾僑批一般較難辨別，要仔細觀察寄出地地名加上所貼郵票國別。通過泰國轉寄的老撾地名有「越曾」「孟曾」「敬國」「挽亂」「北紗」「素旺」「廊開」等；通過越南轉寄的地名有「北紗」「素旺」等。

八、柬埔寨

柬埔寨是東南亞歷史悠久的國家，早在公元一世紀時便已建立國家——扶南王國。七世紀時，被真臘兼併；到 15 世紀，因西北接壤的暹羅王國不斷入侵，時吳哥王朝被迫遷都金邊；16 世紀末，真臘改稱柬埔寨。

據《後漢書》載，早在公元 84 年，我國便跟當時的扶南王國有經貿往來；明朝時期，我國跟柬埔寨的商貿往來更頻繁了；至 17 世紀初，首都金邊已成為華人的聚居地。

1863 年，柬埔寨淪為法國的保護國。為開發柬埔寨，法國殖民當局通過各種手段，大量引入刻苦耐勞的華工，至此，華人開始大量湧入柬埔寨。19 世紀末期，在柬華僑已約達 13 萬人，佔柬埔寨全國人口近 10%，20世紀 60 年代達到 43 萬人，後由於柬埔寨長期處於戰亂，大批華人淪為難民，流落各處，華人人數銳減，其中僅金邊市的華人就迅減過半。

柬埔寨的華人主要來自廣東、福建，其中廣東潮汕最多，約佔華人總數 80%，主要從事的產業有捕魚業和橡膠業、採礦業等。

法國佔領柬埔寨後，將柬埔寨同另外兩個先後被其佔領的越南和老撾組成「法屬印度支那聯邦」，統一用「法屬印度支那」標記印製發行郵票在三國使用。

柬埔寨的僑批業跟越南的僑批業一樣，1927 年前以總包計郵方式收寄，1927 年後改為逐封貼票收寄。因為 1927 年後的柬埔寨僑批貼用「法屬印度支那」郵票，跟越南僑批貼用的郵票基本相同，一些僑批還通過越南的郵政寄到中國，故而柬埔寨僑批很容易被看成是越南僑批。

但柬埔寨僑批還是有可辯認的地方，如這件 1938 年 1 月 17 日寄發的柬

埔寨僑批（圖 2.20），貼用一枚 1936 年以「法屬印度支那」銘記發行的 15
分國際平信郵資郵票，票圖是柬埔寨國王西索瓦肖像，此票雖是以「法屬
印度支那」名稱發行，但限制在柬埔寨使用。此外，其批封正面，一般也
有寫明自「金塔」（即今首都金邊）XXX 寄。

圖 2.19　經越南寄到中國的柬埔寨僑批

圖 2.20　自金邊寄中國的僑批

九、緬甸

緬甸聯邦位於中南半島的西部，東北與我國相鄰，西北與印度、孟加拉國接壤，東南與老撾、泰國交界，西南瀕孟加拉灣和安達曼海。緬甸於1044年形成統一的國家。1824年、1852年和1885年英國殖民主義者先後三次侵略緬甸，侵佔了緬甸全部領土，將緬甸劃為英屬印度的一個省。1937年緬甸脫離英屬印度，由英國總督直接統治。1942年5月日本佔領緬甸。1945年日本投降後，仍為英國控制。1948年1月4日緬甸脫離英聯邦宣告獨立，成立緬甸聯邦。

華人移居緬甸主要有陸路和海路。陸路從雲南的邊界進入，移民主要為邊民；海路則是從我國東南沿海乘船到緬，多為閩粵兩省的居民。華人大量移民顯然是在清朝末期，據資料記載，1861年緬甸華僑約一萬餘人，佔當時緬甸總人口的0.5%左右，到了1911年，全緬華人已達12.2萬人。緬甸是以農業為主的國家，但華僑在緬甸從事農業的卻不多，主要從事於商業，除了被僱用外，從事經營的主要有土產、水產、農畜等行業，少量華僑從事農業和工礦業。

緬甸的僑批業在東南亞諸國中並不發達，一方面是華僑不多，特別是閩粵華僑數量跟東南亞其他國家比相對較少；另一方面，在緬甸經營僑匯的主要是銀行業如滙豐銀行、渣打銀行和華僑銀行，批局主要也是福建幫的金振興、振原、如天一、永福公司等。由於緬甸在二戰前屬英聯邦國家，僑批雖然也需從郵政寄出，但其並沒有嚴格執行逐封貼票的規定，有貼票後總包寄出，也有按總包計數後貼票寄出。值得一提的是華僑銀行自1930年代後在緬甸收寄僑匯很活躍，其一方面在緬甸郵政當局申請到一款可自帶廣告宣傳文字的郵資機，自己蓋在批信上，同時又跟中國郵政簽訂了僑匯經營合作協議，由中國郵政代理寄達中國的華僑匯款。

圖 2.21　寄至福建的緬甸僑批

十、中國香港

　　在英國強佔香港之前，香港是我國廣東省新安縣管轄地區，主要是漁民避風浪和歇息的地方，從宋朝開始，由漁民聚落逐漸形成漁村。明清時代香港成為「莞香」等集散轉運口岸，由於曾是運香、販香的港口，故而得名香港。

　　17 世紀開始，英國向中國輸入鴉片。香港逐漸成為英國向中國大陸走私鴉片的轉運地。從 18 世紀到 19 世紀，走私鴉片的數量越來越大。1838年 12 月清朝政府派湖廣總督林則徐為欽差大臣，去廣東查禁鴉片。1840 年6 月，英國向中國發動了第一次鴉片戰爭，第二年，英國派兵強佔了香港，清朝政府戰敗，被迫於 1842 年 8 月 29 日跟英國簽訂《南京條約》，割讓香港島給英國。

　　香港是一個優良的天然深水港，被譽為世界三大天然海港之一，英國人奪得香港之後，大力發展香港在遠東的海上貿易事業，將其打造為一個自由港和國際金融中心。

　　早在香港開埠之前，潮人便來到這片土地上辛勤勞作。如今，香港 747 萬同胞中，有五分之一即約 150 萬人是潮裔鄉親。

　　據不完全統計，香港有 30 多家批信局，如若把一些商舖、公司兼營批業也算在內，就更多了。早期的批局有德利批局、德泰批局、潘合利批局、老億豐批局等。二戰後，東南亞各國僑匯和批信多經香港中轉，香港的批信業因此得到更快的發展。一些新批局如榮隆批局、致祥批局、陳四興批局、泰安批局、信孚批局等均在此時期設立。此外，新加坡、泰國、馬來西亞等國的批局也有在此設立分支機構或中轉站，如新加坡的「有信批局、許永德盛帶批局、普通莊信局，泰國的鄭成順利慶記匯兌銀信局、天壽堂信局、炳合豐銀信局等均在香港設點。

　　回歸以前，香港對批信的管理跟新加坡和馬來西亞聯邦一樣，都是以計數後總包貼票寄發，故香港的批信封也是不貼郵票。因為香港距離汕頭不外四百多公里，乘汽輪不過兩夜一日，陸路則是朝發夕至。

圖 2.22　香港僑批

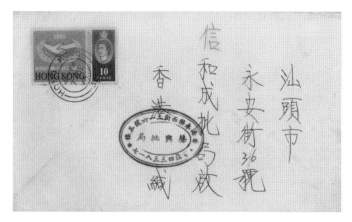

圖 2.23　香港聲興批局寄汕頭信和成批局的業務封

圖 2.24　香港聲興批局寄汕頭信和成批局
　　　　的業務封

二戰後僑批業的窘境

一、戰後南洋各國對僑批的限制

第二次世界大戰後，東南亞諸國的僑批業迅速得以恢復，停頓了幾年沒能匯款的華僑，紛紛匯款回唐山。據《汕頭市志》載，從 1946 年 10 月至 1947 年 1 月四個月的時間，汕頭市區接收外匯便達 50372 萬元；又據汕頭郵局的統計，1947 年全年僑批 1637607 封，1948 年 1988745 封，呈上升之勢。

與此同時，民國政府面臨戰後重建和準備內戰需要大量外匯，僑匯無疑成為政府外匯收入的重要來源。然民國政府自 1947 年後的惡性通貨膨脹，又造成外匯官方匯率上漲速度落後於黑市匯率。

民國政府在 1946 年 3 月 4 日外匯開放前夕，美元對法幣的匯率僅是 1：20，而同時的上海黑市美鈔匯率已達 1：1459 至 1：2022。儘管國民政府自 1945 年 7 月後對新僑匯實行加給 24 倍補助金法，折合成法幣也只有 500元，遠未達到黑市匯率水準。政府匯率低於黑市匯率，直接的結果便是進口外匯的逃匯，即官方外匯收入減少。由於民營的僑批信局的匯率是按黑市匯率折算的，故而對政府而言，僑批信局便是最大的逃匯戶。據統計，1947 年汕頭入口批信款達 87800 佰萬元，而同年 4 月至 12 月中國銀行解付的梅汕僑匯只有 9453 佰萬元，汕頭郵局經辦僑票款額也只有 3583 佰萬元，後兩個數相加僅為批款總數的 14.9%（參見陳麗園《1946—1949 年廣東僑匯逃避問題》未刊）。

批局的逃匯，自然導致民國政府對其加強管理和監控；而批局的反監控辦法具體到對批信的處理，便產生所謂的暗批。這是暗批產生的歷史背景之一。

　　同樣是二戰後，東南亞諸國百廢待興，為控制不斷增長的華僑匯款，各國均出台了不同的外匯管理條例，印尼和越南更是禁止華僑對華匯款。

　　1945 年 8 月日本投降後，新加坡政府最初對華僑匯款尚沒有做過多的限制，而至 1946 年 3 月 18 日，為了控制僑匯外流，實行了對華僑匯款的限制政策，規定每人每月不超坡幣 45 元，後又規定，自 1946 年 10 月 16 日起，「凡申請僑眷款項，有涉及英鎊區域之貨幣者，須由英鎊區域之銀行匯往中國之銀行，始可獲得批准，凡匯款予中國之商行及私人者均在禁止之列」（柯木林《新加坡僑匯與民信業研究》）。這樣一來，批局便不能把僑匯直接匯給其國內的聯號批局，而必須匯到民國政府四個官方銀行（即中央銀行、中國銀行、交通銀行和中國農業銀行）並由其結匯。不僅增加了寄批者的匯款費用，批局在諸多方面也受到限制。新加坡當局還要求華僑到批局寄批時，必須填寫一份《中國家用匯款申請書》，以備查核。申請書內容包括「申請時間」「匯款人名」「收款人名」「申請匯款數」「匯率」「匯款人居民證號碼」等等。

　　圖 3.2 是新加坡華僑劉世照於 1950 年 5 月寄潮安的僑批，批信中也談及新加坡當局限制華僑匯款問題：「此地外匯統制森嚴，本欲多寄一些不能，每人每月只限寄一次，每次不能跳（超）過叻幣肆拾伍元……」

圖 3.1　華僑劉世照填寫的《中國家用匯款申請書》

圖 3.2　匯款申請人劉世照在家信中敍述寄匯限制

　　1949 年以後，東南亞各國的排華政策又導致各國金融部門對僑匯的進一步限制。時中華人民共和國剛剛誕生，百廢待興，外匯緊缺。為爭取僑匯，做好反限制和杜絕黑市逃匯的發生，人民政府採取了一系列積極的外匯政策，如禁止私人外匯交易，僑批結匯統一由中國銀行辦理。通過各種途徑對華僑和僑戶宣傳政府的華僑政策和僑匯政策，解除國內外僑眷僑胞的思想顧慮，同時解決國內僑批業人員的思想包袱，充分調動了僑批業的經營積極性，使之主動指導海外批局改善付批經營方式，大力擴充收匯網點。組織全國性的僑批業經驗交流會議，各地批局和分發網點成立回批回文組，廣東的華僑大縣之一普寧縣更是總結出回批回文的「十要十不要」原則。

　　與此同時，國內批局還根據不同時期的特點印刷各種「寫批注意」宣傳小單，加貼在批封上，或直接印在批局抄送的批箋上，指導僑戶怎樣寫回批，如在一封 1950 年 3 月從泰國寄汕頭的僑批背面，貼着這樣一張小紙

條，紙條標題是：「先看此條然後寫批」，方框內內容是指導僑戶如何用暗語寫回批：

收款人注意（此條隨同回文收回）

近來國外當地政府對僑胞寄批更加緊限制，為使僑胞在國外寄批的安全，寫回批時至切勿寫「港幣」「人民幣」等名詞，請採用下面方法書寫，例如收到港幣五十元，可寫為：1.「來信收到，各情詳悉，此次家中收成番茨（或豆、粟、麥等都可）五十斤，甚為喜慰。」2.「來信收到，喜悉內外平安，此次承大伯（或二叔、姑母、舅父、外祖母等都可）送來茨脯（或豆類、米、麥、田料）五十斤。」3.「此次家中買入碳（或柴、茨脯、蔬菜、田料等）五十斤。」

1954 年後，寫批注意的內容又有新變化，如一封 1954 年從越南寄潮安的僑批，此批是用批箋方式由汕頭投遞批局按幫單填寫，批箋上方有預印

圖 3.3　泰國僑批背面貼「寫批注意」　　圖 3.4　國內版「寫批注意」

好的寫批注意：「如寄港幣 100 元，可寫收到白布一丈，餘加推之。」一些暗批，因為是從第三地轉寄，批局在貼寫批注意時，還特別強調回批不能寫寄批人的地址及批局名稱，以防當地政府追究。

二、暗批：華僑、僑屬的反限制措施

自二戰後至 20 世紀 80 年代初，無論是國民政府對批局僑匯的控制還是國外針對新生的人民政權而限制華僑匯款，均促使國內、國外批局以及華僑為對付各種限制而產生種種隱蔽手段以收寄批信，從僑批實物發現，至少有以下四個方面的操作方法：

1. 以少代多

所謂以少代多，即是批局要求寄客在批封上只寫明所寄金額的十分之一或更少，批信到達汕頭後，汕頭投遞批局根據另寄達的幫單重新在批封上註明「實 XX 元」字樣。如圖 3.5 之僑批，於 1948 年 2 月自新加坡寄潮安縣井美鄉，批面寄款為金圓券貳拾元，批信到達汕頭後，汕頭批局在批封上改寫成「實貳佰元」字樣。又如於 1951 年 5 月自新加坡寄潮安縣橫江鄉之僑批，批封上只寫寄港幣壹拾伍元，到汕頭後，改寫為「壹佰伍拾元」。中國銀行汕頭分行按當時外匯牌價 1 港元折 3880 元人民幣（舊幣值）計算，折款人民幣 582000 元，用商碼書寫於批封正面，同時蓋「汕頭中國銀行 /僑匯兌訖 / 限五天內送到」藍色長方形印章一枚。

2. 化整為零

所謂化整為零，即是把本來一封家批便可以寄回家的僑匯分成多封家批寄回，目的就是讓每封批款均不超過規定的限制。請看圖 3.6、圖 3.7 兩件僑批，寄批者一是新加坡林忠發，一是新加坡林福茂，收批者是潮安塔下鄉林瑞拱和林瑞壁，批款都是港幣 75 元，其實，林福茂便是林忠發，林瑞拱和林瑞壁都是林忠發的兒子，且內信都是寫給其妻收閱，兩封批信也

均於 1951 年 1 月 31 日到達汕頭並由汕頭中國銀行結匯。

　　再看另一例，由吉隆坡許巧娟和吳旭輝寄潮安縣吳紹榜的僑批（圖3.8），批信由吉隆坡鄭綿春信局收寄，兩件批分別列「春」字 9716 和 9717 號，同時於 1952 年 10 月 21 日到達汕頭並結匯，表面上是不同人寄給同一人，但從中我們不難發現，這只是一家人同一次寄的兩件批信。

圖 3.5

圖 3.6

圖 3.7

圖 3.8

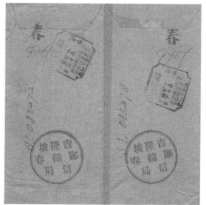

3. 瞞天過海

　　沙撈越位於加里曼丹島北部，是馬來西亞的一個州，由於距首都吉隆坡和金融中心新加坡很遠，該地批信局攬收的批信一般都直接寄達汕頭或經由香港轉達汕頭。為逃避僑匯的限制，沙撈越僑批採取的方法較為特別，僑胞書寫僑批信封後，批局若發現批款超出限額，便在批封上用郵票和航空籤條把「外付 XX 元」遮蓋，然後按普通國際信函寄達汕頭，批局則另外抄錄幫單同時寄至汕頭。如圖 3.9，是沙撈越華僑姚來屑寄潮安縣橫江鄉的家批，批信被貼上郵票後，於 1954 年 9 月 22 日運抵汕頭，汕頭批局另用一白紙寫上名址和寄款金額，加蓋 1954 年 9 月 22 日特准批信局日戳和 1954 年 9 月 23 日汕頭中國銀行結匯章後送還僑戶。

　　圖 3.10 是新加坡華僑趙炳泉於 1952 年 7 月 3 日寄澄海批信。從外觀上看，這是一件普通的國際信件，但內信寫明「付呈港銀叁拾元」，左上方是捷成僑匯批信局投送的批箋，批箋蓋有汕頭 1952 年 7 月 10 日到達日戳。

圖 3.9

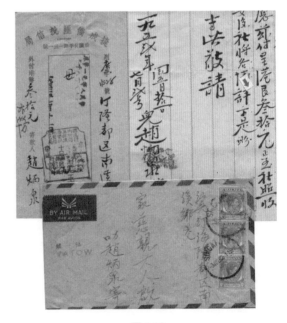

圖 3.10

寄批者通過批局用幫單把批銀寄到汕頭批局，批信另外從郵政直接寄到家中，批局則按幫單批銀金額以批箋方式抄錄送還僑戶。批局的幫單一般也是以信函方式從郵政寄出，批銀則由批局在香港買匯後寄入國內，再由中國銀行結匯，這樣便避開了當局的檢查，實是瞞天過海的妙招。

4. 使用暗語

使用暗語寄批，主要發生於中華人民共和國成立後至 20 世紀 80 年代初，當時東南亞國家排華，對華僑匯款加以限制、禁止，因而產生了這種反限制對策。

1949 年以後，僑匯成為中國的主要外匯收入。據官方資料統計，60 年代初期，通過僑批業寄入的僑匯，在正常年份一般佔到整個國家僑匯收入 60% 左右。正因為僑匯如此重要，使用暗語寄批得到人民政府的支持，只要沒有逃匯套匯行為，無論華僑及海外批局以何種暗語書寫批款，中國銀行均及時給予結匯、解匯。國內批局也積極配合，組織專人代僑戶書寫暗語回批，銀行和批局還印發「寫批注意」貼於批封上，指導僑戶怎樣寫回批。

寄批暗語雖是由華僑跟家鄉親人自家約定，但大都在批局的指導下採用寄批特殊用語，故還是有規律、可辨別的。現從僑批實物中，擇要介紹如下：

寄煙紙。如新加坡華僑俊謀寄至潮安的批信，該批信沒有外套封，寄批者在信中寫道：「伯父大人尊前，敬稟者茲奉上煙紙伍拾片，正至希檢」。海外批局直接在批信上編寫「道」字 1777 號，到達汕頭後，汕頭悅記批局用專用批箋另外填寫一份僑匯通知單並解語為「外附港幣伍拾元」，再由中國銀行汕頭支行結匯。該批箋編號同海外批局在暗批上的編號，均列「道」字 1777 號。又如圖 3.11，是海外批局預印的格式化批箋。該批信由華僑姚海堅於 1954 年 12 月自印尼廖內寄潮安橫江鄉，批信上寫「附芬紙叁拾塊」。寄達汕頭後，由汕頭捷成僑匯批信局改抄成批箋後由汕頭中國銀行結匯（圖 3.12）。

圖 3.11　　　　　　　　　　　　　　　　　　　圖 3.12

　　如上所述，有一種批局預印格式化的批箋，批箋在正面左上方預印「煙紙」兩字，填寫後就成「外付煙紙 XX 塊」。如新加坡華僑姚海深寄潮安縣橫江鄉的批信，該批便是用這種預印批箋寫的，批信於 1956 年 8 月 3 日到達汕頭，次日由汕頭中國銀行結匯。

　　寄片。寄片應是從寄煙紙演變而來的。潮汕地區以前許多人抽煙大都不買盒式捲煙，而是抽自製的「喇叭頭」。所謂「喇叭頭」即是用一些煙絲，放在煙紙上，捲成像喇叭一樣的煙捲，俗稱「喇叭頭」。煙絲和煙紙相對於盒煙便宜許多，因而廣受煙民喜愛。煙紙的數量單位一般稱「塊」或「片」，如「寄去煙紙 50 塊」或「外付煙紙 100 片」。比如華僑林幼卿自馬來西亞的新山寄廣東潮安縣塔下鄉之僑批，該批是裸信批，在信背書寫名址，並寫「壹佰片」字樣，批信列「順」字 676 號，於 1973 年 2 月 11 日到達汕頭並結匯。批信正面左下角蓋一紅印章，內容如下：

　　鄭若昌 / 新山金菓公市牌位廿號 / TAY JACK CHIANG / TEL 3827 電話三八二七 / 專營金山花旗各港土產 / 什麼批發零售均各歡迎

　　由此推測，該僑批是鄭若昌雜貨店攬收後，交由批局轉寄。

再看圖 3.13，華僑卓應猷寄潮安東鳳的僑批，批信用格式化批箋填寫，批款「壹佰片」，於 1970 年 4 月 21 日到汕並結匯。該批列「榮」字第 3967 號。其回批也是用暗語書寫：「應猷吾兒知悉，今天接到你的信一封，此次家中收成大米壹佰斤⋯⋯」回批同列「榮」字 3967 號（圖 3.14）。

寄門牌。如華僑蔡禎祥寄潮安縣上水頭鄉批信，該批也是一件裸信批，批信正面自右至左豎寫收批人地址、姓名，然後書寫「門牌叁拾號」，下面是寄批人落款，接下去書寫批信內容。批信對摺後，「門牌叁拾號」字樣看上去就像寄批人地址，很難看出批面寄款金額。批信於 1956 年 7 月 19 日到達汕頭，同日結匯。另有一款格式化的批箋，「門牌」已預印於批箋正面左上方，如華僑蔡秋盛寄潮安之僑批，在預印「門牌」字樣下面填「壹佰號」，意即寄港幣 100 元（圖 3.15）。批信於 1955 年 4 月 6 日到達汕頭，第二天結匯。批信上未留下寄發國資訊，也沒有批局資訊。

寄列字。列字和編號是批局對批信的一種管理方法。用此種方法書寫暗語，確實很隱蔽。例如華僑蘇梓國寄潮安金砂寨僑批，寄款暗語「附列貳拾號」。批信於 1955 年 5 月 11 日到達汕頭，汕頭中國銀行按港幣 20 元結匯。該批是裸信批，批面沒有寄出地批局資訊，只在摺疊後的背面用墨筆書「利」

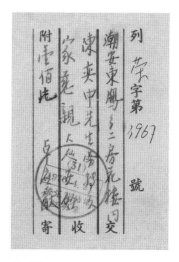

圖 3.13

圖 3.14

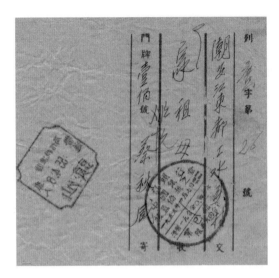

圖 3.15

字 57 號。要不是到達汕頭後郵局和銀行在上面蓋上郵戳和結匯章，難以看出這是件僑批。從寄信者小心謹慎的態度可知，當地排華情況之嚴重。

　　寄餅乾。 在海外華僑林傑華寄潮安江東的僑批中，批信是用白紙寫成的裸信批。批信摺疊後，在正面左上方寫「外付餅乾伍拾片」，批信於 1957年 1 月 12 日到達汕頭並由汕頭中國銀行結匯。另，在新加坡華僑陳如軒寄潮安金砂鄉的家批中，批信寫有「附餅乾 50 塊」。該批信也是用格式化的批箋書寫，批箋正面左上方「附港幣」三字被用鋼筆改為「餅乾」，看上去有「此地無銀」之嫌。

　　寄碼。 圖 3.16 是石獅新民信局電匯正收據，由華僑侯垂鑾寄福建石獅錦上楊厝的電匯家批，寄款暗語是「伍拾碼正」代人民幣伍拾萬元（舊幣值），該電匯於 1953 年 7 月 8 日寄達福建石獅並結匯。

　　暗語寄批，所用的暗語有由海外批局約定或印成的格式暗語，此類暗語寄發國多為只是限制華僑匯款的新加坡或馬來西亞；也有由華僑臨時想出的暗語，且多用白紙隨便寫後摺疊寄出，此類批信多寄自禁止華僑匯款的印尼、越南等。以上只是筆者從收集到的各種暗批實物中選取出來的較有代表性的例子。

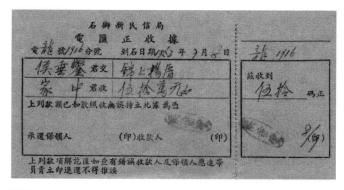

圖 3.16

　　暗批是特定歷史時期所產生的特定產物，二戰後至 1949 年底的暗批，反映了國民黨政府腐敗無能的歷史。中華人民共和國成立後的暗批，則又反映了人民政府為爭取僑匯，採取積極靈活的僑匯政策，一方面有效化解了海外對僑匯限制所產生的消極影響，另一方面又為廣大僑戶與華僑架設了溝通的橋樑。

1949年後僑批業的新特徵

一、中國銀行統一僑匯結匯

　　1949 年 10 月 1 日，中華人民共和國正式成立。人民政權確立後，外匯統一由中國銀行管理，所有華僑匯款均必須由中國銀行統一結匯。由於廣東汕頭解放是在 1949 年 10 月 24 日（福建泉州是 1949 年 8 月 31 日解放），故汕頭解放後才實行由中國銀行統一外匯結算。

　　根據中央人民政府所訂定的「服務僑胞，便利僑匯」政策，中國銀行推出了一系列服務僑胞的辦法。如針對解放初期國內各地外匯牌價尚未劃一，實行優待僑匯牌價，按全國最高牌價來解付僑匯；對東南亞國家因排華而限制華僑匯款甚至禁止華僑匯款，則協助華僑做反限制、反禁匯的工作，為僑胞排憂解難，甚至幫僑胞代寫回文；在人民幣幣值尚未穩定，外匯牌價上漲時，為保障僑胞匯款的實際價值不受損失，便推出原幣存單，讓僑戶自己決定兌換人民幣的時間等優僑措施。

　　最值得稱道的，便是對僑匯解付限時送達的制度，這一制度自 1949 年底一直堅持到「文化大革命」僑匯政策遭到破壞為止。解放後，私營批信局仍然在為廣大僑胞投遞批信服務，因為所有僑匯都必須經中國銀行結匯，解放初期僑匯匯率又不太穩定，個別批局在結匯、解匯時，不及時或有意無意地拖誤，損害了僑戶的利益。為了防範、制止這種損害僑戶利益的行為，汕頭中國銀行自 1949 年底，便在已結匯的僑批上，蓋上結匯日期章和限時送達章。如圖 4.1 之僑批，於 1949 年 12 月 10 日到達汕頭並結匯，汕頭中國銀行在批封正面蓋上結匯時間章和一款長方形文字章：「汕頭中國銀行／僑匯兌訖／限三天內送到」。這款結合結匯時間章使用的限時送到章，起到了很好的監督作用，得到了廣大僑胞的稱讚。

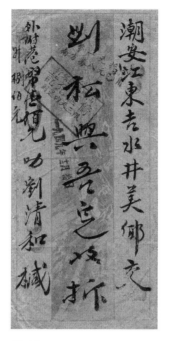

圖 4.1

　　不過，在實施過程，有時也碰到了一些特殊情況，如一些邊遠鄉村因交通不便，批腳（解送人員）往往不能按時送達，或因此引起誤解。由此，汕頭中國銀行在 1951 年 1 月底，又起用了另一款限時送達章，此章跟第一款限時送達章款式、文字都一樣，只是把「三天」改為「五天」，變成：「汕頭中國銀行／僑匯兌訖／限五天送到」。由於歷史原因，東南亞潮幫華僑以及客幫、甚至部分福建南部地區如詔安、東山、雲宵等地的批信，均要首先寄達汕頭，再由汕頭甲級批局結匯後送交各地乙級批局投送。所以，對於一些交通不便的極邊遠地區，五天限時還是不夠，由此，汕頭中行又刻製了另外兩種限時章，一款是限時八天，另一款限時 12 天。如華僑許永興寄饒平坪溪的僑批，批信於 1951 年 10 月 9 日到達汕頭，10 月 15 日汕頭中國銀行結匯，批信正面先蓋了「限五天內送到」的限時章，後覺得不妥，加蓋了一款「遠道僑批准寬限八天送到」，又覺得不妥，再在其下蓋了另一款限時章：「遠道僑批准寬限 12 天內送到」。

　　1952 年底，汕頭中國銀行的結匯章改為圓形章，把結匯時間、匯率、限時等內容都集中於一章，限時也固定為五天，此結匯章一直使用到 1966 年底。

　　解放前夕，由於金、銀圓券急劇貶值，美鈔、港幣在市場上計價流通，自由買賣。解放後，人民政府一方面對貨幣流通市場進行整頓，禁止外幣及港幣在市場流通和自由買賣，一切外幣由人民銀行掛價收購；另一方面，對華僑匯款，則規定統歸中國銀行收兌。銀行、海關等單位也出台了相應的外匯管理規定。1952 年 6 月海關總署頒佈《關於逃匯套匯案件應作為走私案件處理　核示應行注意各點的命令》，明確了逃匯套匯跟走私一樣是犯罪行為。1955 年後，公安機關取消來往港澳預先審批制度，進出境旅客急劇增加，一些單幫水客見有機可乘，又開始以螞蟻搬家方法走私各種國內緊缺物資和外匯。私營進出口商通過貨運管道進行的走私逃套匯也日益嚴重，形成了國家同不法資本家在管制與反管制上的激烈鬥爭。

　　這些走私套匯行為，至 1957 年形成高潮。時中國銀行汕頭支行為配合國家打擊此類走私套匯行為，加強對華僑及僑戶進行反走私套匯的政策宣傳，以小印章的形式，刻製了幾款反走私套匯宣傳口號加蓋於僑批上。下面介紹幾款加蓋此種宣傳口號的僑批實物：

　　1. 海外華僑陸錦榮寄揭陽僑批，由汕頭有信批局用批箋方式投送，批信於 1957 年 10 月 22 日到達汕頭，同日結匯，中國銀行汕頭支行在批箋上蓋一款宣傳口號：「制止走私套匯是僑眷們的愛國行動」；

　　2. 新加坡華僑劉瑞卿寄揭陽僑批，批信於 1957 年 12 月 17 日到達汕頭，12 月 18 日由中國銀行汕頭支行結匯，銀行在上面蓋的宣傳口號是：「保護華僑正當利益，堅決制止走私套匯」（圖 4.2）；

　　3. 新加坡華僑劉瑞卿寄揭陽僑批，批信於 1958 年 1 月 9 日到達汕頭，同日結匯，中國銀行汕頭支行所蓋的宣傳口號是：「走私套匯是非法行為，勿受套匯份子的欺騙」；

　　4. 新加坡華僑蔡新亮寄澄海僑批，批信於 1958 年 1 月 9 日到達汕

圖 4.2

頭，同日由中國銀行汕頭支行結匯，該批與前例之僑批的結匯時間一樣，
都是 1958 年 1 月 9 日結匯，所蓋的宣傳口號卻不同，其宣傳口號變成：「未
經銀行結匯的僑匯是非法套匯必須堅決制止」。可見當時這些宣傳口號小印
章是同時刻製，使用時，拿到哪款用哪款。

二、海關對批信的檢查

20 世紀 50 年代初期，是新中國成立後的經濟恢復時期，國內經濟困
難，物資貧乏。國外反華國家及勢力對華僑匯款實行限匯或禁匯，時我國
外匯緊缺，許多需進口物資因缺乏外匯而無法進口。為了吸引華僑匯款，
國務院僑務辦出台了相應的優僑政策，海關也放寬了進口物品尺度，華僑
可以私帶的物品增加了。但作為國際信函的僑批，無論從郵政或海關的相

關規定，都不准夾帶任何物品。海外一些華僑不懂這些規定，以為國內政策有優惠，便常常在批信中夾帶一些國內緊缺的藥品如洋參、西藥片等物品。汕頭海關駐郵局辦事處便不得不對批信進行拆封檢查，若發現夾帶物品，會視其數量和次數作相應處理。一般數量不多及初次違規，都給予放行，若再次違規，會科以罰金及補交關稅。

例如馬來西亞柔佛州華僑所寄潮安僑批。該批由廣泰隆批局收寄，於1955 年 2 月 7 日寄達汕頭，汕頭郵局在批封上蓋特准批信局到達日戳後，駐郵局海關工作人員將該批信拆封檢查，發現批信夾帶洋參。批信拆封後，海關重新封好批信，並在封口處蓋上海關檢查戳記，同時付上一張海關預印好的宣傳單（圖 4.3），宣傳單內容如下：

收件人注意：（一）依照中華人民和國暫行海關法的規定，郵遞國際信件，即印刷品夾帶物品、貨幣、金銀者為走私行為，海關應將其走私物品沒收，並得科走私物品得值以下的罰金。（二）本信件夾帶洋參，

圖 4.3

因念不明法令，我關仍本着政府照顧華僑的精神，酌情予以放行，希即轉知國外親友，今後若要寄些零星自用物品進口，應以小包形式寄來，不得再在信內夾寄物品進口。

中華人民共和國汕頭海關

一九五五年二月八日

三、華僑商品物資政策

1957 年前後，國家正處於經濟建設困難時期，許多關係到國計民生的物資均實行計劃供應。與此同時，國家外匯緊缺，走私套匯嚴重。為打擊走私套匯行為，爭取更多華僑匯款，國務院出台了一系列優僑政策。如針對當時全國實行統購統銷，糧油副食品實行計劃供應，僑眷遇到僑匯無法購買生活必需品的新難題，「中僑委」參照蘇聯成立「國際商店」的做法，提出了一套創新、可行的辦法，即發行「僑匯券」，憑券供應統銷物資的制度：銀行可以根據僑眷所持僑匯的多少，發給相應僑匯券，僑眷按僑匯券上指定的供應物資品種和數量，購買自己所需物資如糧、油、糖等統購統銷物資。

這個辦法經國務院相關部門研究後，於 1957 年 7 月 30 日批准了「關於爭取僑匯問題」的指示，正式推行「僑匯券」制度。隨後，歸僑僑眷憑僑匯收入購買統銷物資的政策在各地普遍實行。廣東、福建等僑區紛紛開設華僑商店或僑匯物資專櫃，向僑匯券持有者供應商品。這在一定程度上解決了僑戶的物資供應問題，提高了歸僑、僑眷爭取僑匯的積極性。

國務院正式推行「僑匯券」制度後，一開始並沒有統一印發「僑匯券」，而是由各地自行處理。自 1958 年起，中國銀行汕頭支行刻製一款長方形文字章，在已結匯的批信上加蓋：「本單（批）暫作僑匯證明書，自填發日起在一個月內憑本單持向華僑商店換取僑戶物資登記證，逾期無效」（圖

4.4）。但至 1958 年下半年，卻見一些僑批上沒再蓋此戳記，而是由各物資
供應點直接用所供應物資名稱加蓋於批面上。如東鳳糧管所，在 1958 年 8
月 4 日的批上，加蓋「大米麵粉已購完」「糖已購完」及手寫「肉 0.26」字
樣，表明此批的外匯物資已供應。1958 年底，該縣僑批上開始出現貼有一
款藍色油印的「僑戶購物登記證」，物資登記證上所印時間是 1959 年，供
應商品名稱和購買時間空白，由各供應點填寫。供應證貼於僑批背面，蓋
「潮安縣商業局華僑商店購物證專用章」騎縫章。1959 年下半年，又見一款
鉛印的購物證，此購物證比油印購物證更加詳細，增加了供應物資名稱，
如糖、油、米、豆、肉、布等，在僑戶購物登記證的下邊紙，還印有說明
文字：「本證需貼於匯款證並加蓋僑店騎縫章，方得在全縣各僑店或專櫃購
買優待物，使用半年，本證遺失或殘缺不予補發，塗改者作廢」。

　　國務院 1957 年下半年在全國推行僑匯供應證以後，並沒有發行統一
的僑匯供應證，在潮汕地區，同樣也沒有統一印發僑匯供應證，而是由各
縣、區視具體情況落實該項政策。上文以潮安縣 1958 年至 1959 年僑批實物
講述該縣僑匯供應證的發行使用情況，下面讓我們看看潮汕其他地方同一
時期在僑批實物上所反映的僑匯供應情況。

　　僑批文物館現藏有泰國華僑木俊寄澄海鳳嶺鄉的僑批，批信於 1958
年 7 月 15 日到達汕頭，同日結匯。批封正面除蓋結匯章外，另蓋有兩款印

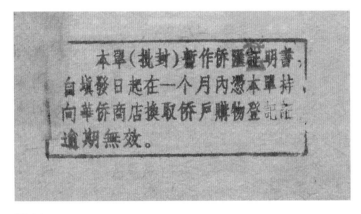

圖 4.4

章：其一是「上華商店 / 華僑特種商品供應已登記」，其二是「糧油供應已
辦理」。另有泰國華僑歐振慈寄隆都的批信，批信於 1958 年 8 月 19 日到達
汕頭，同日結匯。批信正面除了蓋中國銀行汕頭支行僑匯結匯章外，也蓋
有兩枚跟僑匯有關的印章，內容分別是「糧食已購」和「布糧肉已發」。

　　此外，查有泰國華僑木松寄潮陽第二坡上鄉的僑批，該批信於 1959 年
4 月 9 日寄出，4 月 16 日到達汕頭，汕頭結匯後，潮陽相關部門在批封正面
蓋有幾款文字章：「XXX 糧油已付」「茶葉已購完」「豬肉已購完」；在另一
件 1960 年 1 月 1 日寄潮陽第七坡的僑批上，則蓋：「陳店糧營所油已購」「陳
店糧營所糧已購」「肉已購」等僑匯供應章。

　　本人經眼的此時期之僑批，除汕頭市與潮安縣一樣，在批封背面貼有
「僑戶購物登記證」外，其他地方如揭陽、普寧等地的僑批，均是以相關文
字戳記蓋於批封上，以示僑匯特供物品已購或手續已辦理。

　　1960 年 1 月，廣東省始發行統一的「華僑特種商品供應證」（圖 4.5），

圖 4.5

該證有效期半年，僑戶可以在有效期內持證到華僑特種商品供應店購買特供商品。各地僑匯特供部門便在已發僑匯券的僑批上蓋「僑匯證已發」等字樣。

1966 年 5 月，史無前例的「文化大革命」爆發，極左路線嚴重衝擊了我國的華僑政策，許多僑戶有親不敢認，有信不敢收，有錢（僑匯）不敢領，中斷了與海外僑胞的聯繫。1966 年 12 月起，有關部門取消了僑匯物資供應辦法，撤銷了僑匯商店。

1974 年後，經中央同意，潮汕地區又開始對華僑匯款配給一些特供物資如建築材料，此時期一直至 1977 年，僑批上常常可看到蓋有「建築材料已供應」「外匯建築材料已供應」和「海外私人匯款建築材料已供應」等字樣的藍色文字章。1977 年以後，有關部門進一步宣傳落實僑匯政策，做好僑匯中斷戶的復匯工作。1978 年 1 月，中央重申保護僑匯政策。根據中央有關指示，華僑寄回家鄉全年僑匯達到一定的數額，還可以特供一些大件緊缺物資如縫紉機、自行車等商品。例如，泰國華僑鄭燈鋒於 1977 年 11 月寄潮陽的僑批，該批匯款港幣 1500 元，折合人民幣 584.7 元，按規定，可購買一架縫紉機。僑戶首先需填寫「申請購買僑匯物資審批表」（圖 4.6），該表下面有詳細的說明，大致有五點內容：

1. 此項物資是補充僑眷的部分需求，必須按規定填寫申請購買手續。

2. 屬中國公民，以戶為單位，僑匯收入年折合人民幣滿 500 元以上，可買國產單車或縫衣車一架，滿 300 元以上可買國產手錶一個（隻）。

3. 經所在大隊加具意見後，連同僑匯證明書到指定供貨部門審批，辦理購買手續，並將僑匯證明書留給供貨部門備查。

4. 單車到縣五交化公司購買，縫紉機和手錶到縣百貨公司購買。

5. 所購買物資是否是僑戶自己所需，要防止轉讓，併戶，嚴禁轉手買賣投機倒把，要正確對待僑匯物資。

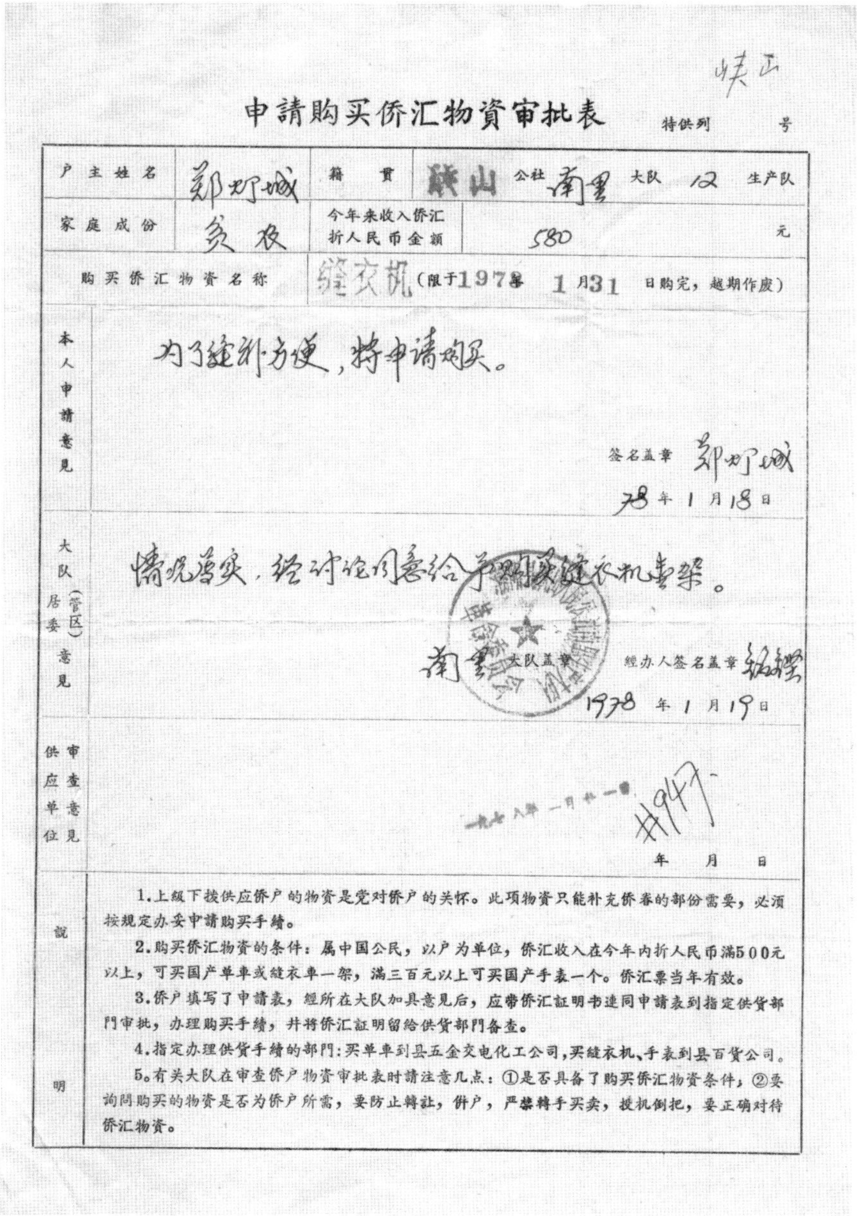

申請購買僑匯物資審批表

特供列　　　　號

| 戶主姓名 | 鄭炳城 | 籍貫 | 鼓山 | 公社 南里 | 大隊 12 | 生產隊 |
| 家庭成份 | 貧農 | 今年來收入僑匯折人民幣金額 | 580 | | | 元 |

購買僑匯物資名稱　縫衣机（限于1978年 1月31日購完，逾期作廢）

本人申請意見

为了縫补方便，特申請购买。

簽名盖章　郑炳城
78 年 1 月 18 日

大隊（管區）意見

情况属实，经讨论同意给予鄭炳城縫衣机壹架。

南里大隊盖章　　經辦人簽名盖章　銘標
1978 年 1 月 19 日

供應單位審查意見

一九七八年一月廿一日

#947

年　月　日

說明

1.上級下撥供應僑戶的物資是黨對僑戶的關懷。此項物資只能補充僑眷的部份需要，必須按規定辦妥申請購買手續。

2.購買僑匯物資的條件：屬中國公民，以戶為單位，僑匯收入在今年內折人民幣滿500元以上，可買國產單車或縫衣車一架，滿三百元以上可買國產手表一個。僑匯票當年有效。

3.僑戶填寫申請表，經所在大隊加具意見後，應帶僑匯証明書連同申請表到指定供貨部門審批，辦理購買手續，並將僑匯証明留給供貨部門備查。

4.指定辦理供貨手續的部門：買單車到縣五金交電化工公司，買縫衣机、手表到縣百貨公司。

5.有關大隊在審查僑戶物資審批表時請注意几點：①是否具備了購買僑匯物資條件，②要詢問購買的物資是否為僑戶所需，要防止轉讓，併戶，嚴禁轉手買賣，投机倒把，要正確對待僑匯物資。

圖 4.6

　　從 1978 年 4 月 1 日起，國家全面恢復了僑匯物資供應，由銀行解付僑匯時發給等值的僑匯物資供應票證（票證面額分五元、十元、五十元、一百元四種），商業部門憑票證供應商品，每種票證均標明糧、油、副食品券、工業品券數字，如每百元人民幣僑匯，發給票證計糧 20 市斤、油 1 市斤半、副食品券五張、工業品券 20 張，票證有效期一年，1984 年改為兩年。

批局經營管理與網絡

一、批信的管理

1. 列字與編號

用《千字文》的文字作列字

用《千字文》的文字作列字，即按《千字文》的文字順序作為班次的先後順序，《千字文》中的每一個字代表一班次。《千字文》首句「天地元黃，宇宙洪荒」，若用「天」字為首幫，則「地」字為次幫，餘類推。同一班次的僑批，再用商碼或阿位伯數碼作為編號。同一班次的僑批均有一個不同的編號。如「天」字 1 二 111[1] 號（123 號），「天」字 1 二 X 號（124 號）；「地」字 11 三 11 號（232 號），「地」字 11 X 一 號（246 號）等等。

帆船時代（如紅頭船），從東南亞到潮汕，一般要一月左右時間，且帆船是按季風行駛，每年也就幾個班次；到了汽輪船時代，每一班次往往為一周左右。故而，就是按一周計算，一年 54 周，一個千字文輪迴便是 20 年左右。

從實物觀察，還有一種雖用《千字文》中的文字作列字，但只摘用其中的某句作列字用字，並基本固定只用此幾個字作班次的順序，不斷循環。如新加坡鄭綿發有限公司民信部的僑批便是用此方法。從實物圖看，僑批甲寄於 1948 年，列「天」字 5174 號；僑批乙寄於 1957 年 12 月，列「元」字 4042 號；僑批丙寄於 1957 年 1 月，列「黃」字 7060 號。「元」字

1　商碼，下同。

批寄於 1957 年 12 月，「黃」字批寄於 1957 年 1 月，批信實物的列字告訴我們，該批局顯然不是用完整的《千字文》全文按順序列字，而只用其第一句「天地元黃」四字作該批局的列字順序。

用批局名稱的漢字作列字

用批局名稱的漢字作列字的方法有許多種，本文現將收集到的列字方法作如下介紹：

A. 用批局漢字名稱的順序作列字

使用此種方法的批局最為普遍。新加坡的裕生匯兌信局便是使用此方法作列字的批局之一。如圖 5.1，分別列「裕」字 7367 號和「生」字 9688號；新加坡的「實叻大信行批」也是用該信局名稱「大信」兩字作列字；實叻普通莊信局則分別用「普」及「通」兩字作為固定列字。

B. 用批局漢字名稱的某一字作固定列字

用批局名稱中的某一字作該批局的固定列字的方法，也較為常見。

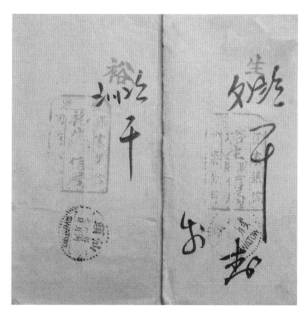

圖 5.1

如柔佛州（今屬馬來西亞）的笨珍南順匯兌信局收寄的僑批，在批封上一般均蓋有一個帶批局名稱、列字、班次、年、月、日和編號的長方形批局章，其列字便固定一個「珍」字。吉隆坡的鄭綿春信局也是用固定列字方法列字，僑批文物館藏有該批局收寄的兩件批信，其所蓋的批局章，一為圓形，列字另蓋；一為長方形，列字包含在批局章中。兩件批信均用阿拉伯碼編號，且加蓋有批局的收寄日期。此外，麻坡的泰生堂信局也是固定用一個「泰」字作列字。

C. 某一時間段用批局名稱的某個字作列字

此種列字方法較為少見。一般是以年為限，每年固定使用批局名稱中的一個字。如柔佛州的廣泰隆公司批局便用此法列字，其中，僑批甲寄於1948年，列「廣」字1989號；僑批乙寄於1972年，列「泰」字4249號；僑批丙寄於1963年，列「隆」字8243號。每年相對固定換一個字，周而復始。

D. 批局名稱文字及其他漢字混用的列字

用此種列字方法也很普遍。如新加坡的鼎盛信局及其後的鼎盛祥記信局，該批局收寄的僑批便只用「鼎」字、「中」字和「子」字作列字；又如新加坡的「萬益成保家銀信局，該批局存在時間近一世紀，是一家大型批信局，由於該信局存在時間很長，且收批網點多處，其列字用字除常用其批局名字「萬」字和「益」字外，其他用字在筆者見到的該批局大量批封實物中還有「光」字、「華」字、「裕」字、「龍」字、「宋」字、「正」字等等。這些列字用字大多不是《千字文》中的用字，即便其中有一兩個字跟《千字文》中的文字相同，也應屬巧合，而顯然不是混用《千字文》文字的方法。筆者估計，除批局名稱用字外，以上諸多列字用字可能是該局不同時期、不同收批點的收批人員或管理人員的姓氏或名字。因為對批局來说，簡便易記是最好的管理辦法。

如果说，萬益成保家銀信局因為經營時間長，營業網點多處而使批封列字出現多個漢字的話；那麼，同樣營業於新加坡的另一家批信局星洲永德盛信局的列字方法卻另具特色。該局雖然也是採用批局名稱文字同其他漢字混用，但卻是同時混用。即每一個收批點固定一個列字不變，常年使

用。這樣便有可能出現同一班次的該局批信，會出現兩個或兩個以上的不同列字。圖 5.2 是該批局 1972 年列字目錄的封面，分別有「永」字、「德」字、「朝」字、「臣」字和「金」字。封面是用當年從新加坡該局寄給汕頭僑批服務社收的實寄封背面做成的，此種實寄封的收信地址和收信人是隨便寫的，實際根本就無此路名人名，但郵局投遞員一看就知此信是寄給僑批服務社。實寄封可能是寄目錄（「班單」）的，也可能是寄其他批局的業務內容信件，被汕頭僑批服務社「廢物」利用，作「目錄」封面。可惜那些「目錄」已不存在，此幾件作為目錄封面的信封得以保留，實是萬幸。

　　E. 用批局名稱文字及吉祥文字作列字

　　大凡做生意者，總希望自己繁榮昌盛、吉祥如意、前途光明、財源滾滾，僑批信局的經營者也不例外。如批局名稱用字便常見帶有「盛」「興」「昌」「裕」「泰」「祥」「發」「利」等等。即便是區區的批封列字，也不忘用上一些吉祥文字。

　　新加坡的光裕興銀信局，不僅批局名稱起得吉祥，它對批封的列字也很講究，用批局名稱的「光」字和不是批局名稱的「明」字作其批封的列字，長期不變。新加坡祥泰隆信局也是這樣，用批局名稱「祥」「泰」「隆」三個字，加上「福」「昌」「和」等幾個字作為該批局的列字，長期不變。

圖 5.2

用批局所在地的地名漢譯文字作列字

此種列字方法較為少見。沙撈越古晉坡的南市信局收寄的僑批，就是用該信局所在地古晉坡（市）地名作列字，如圖 5.3、圖 5.4 之僑批，分別列「古」「晉」和「市」字。

用雙漢字作列字

用雙漢字作列字，可謂少之又少。新加坡許順記信局寄發的僑批，批封上有兩種列字。其一是列「航」字 3334 號；另一列「集豐」字 3136 號。「集豐」是一家信局，是許順記信局的下屬收批點。該批由集豐信局攬收，再由許順記信局寄發。此外，有的僑批，分別列「甲先」「大銀」和「汕好」。

用中文數字作列字用字。

列字其實代表的是班次的不同，有些批局乾脆便用中文數字作為列字，如「一」「二」「六」「十九」「廿八」「卅七」等，也不失簡便直觀。

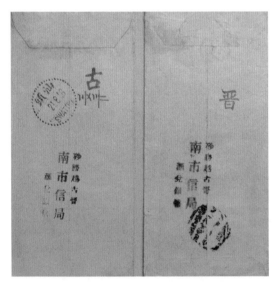

圖 5.3

圖 5.4

用英文字母或縮寫等作為列字用字。

用英文字母或縮寫作列字用字，大多是晚近僑批。

A. 單字母列字。如「A」「B」「E」和「T」等。

B. 雙字母列字。如「DE」5 號和「AZ」4 號，雙字母列字究竟是否是批局名稱的英文縮寫，還是另有含義，尚不清楚。

以上六種類型的列字方法，是潮汕僑批常見的批局列字方法，還有一些不常見的無列字或對部分批信不作列字。例如，馬來西亞怡保榮泰昌恆記批局收寄的僑批，批局在批封上蓋一款梯形批局章，章分上下兩格，下格是批局名稱，上格只有兩字：「列號」，中間手填「8196」，即列 8196 號。無獨有偶，汕頭市悅記批局 1954 年填抄的批箋，列「0」字 4541 號，此「0」應理解為無列字，因為該批局填抄的其他批箋均有漢字列字。

還有一些批封上的列字，筆者未歸入以上六種類型，如新加坡裕成利匯兌信局收寄的僑批，列「遠」和「造」字；吳四桂批局列字有「此」「州」「地」字等；萬和成批局列字有「共」「和」「國」等，這些列字較雜而沒有規律。

2. 批信、回批和票根

批信、回批和票根，就是批局為華僑寄批而備的三件最起碼的信物。批信，即是華僑寄回家鄉的僑批（以前稱番批）；回批，是家鄉親人收到海外僑胞寄來的銀信後託批局寄回的回信；僑胞到批局寄批時，批局會給寄批的僑胞開一張收據，這收據俗稱「票根」。

批信、回批和票根三者間，還有一條「暗線」把它們串聯起來，這就是由批局編列的列字和編號。同一僑胞所寄的批信，其回批和票根的列字編號跟批信的列字編號是相同的、唯一的。

就比如，1927 年旅泰華僑委託泰國吳泰安批局寄潮安楓溪的僑批，批信由吳泰安批局編列「箋」字 64 號，再看回批和票根，均由吳泰安批局編列「箋」字 64 號。即是說，這三件信物是該華僑在 1935 年 10 月 29 日到吳泰安批局寄批時，批局同時編列「箋」字 64 號，然後批信跟回批一同寄到

中國，票根留給寄批的僑胞，待回批從家鄉寄回泰國，再由吳泰安批局把回批送還僑胞，以證實銀信已由家鄉親人收妥。此外，回批上蓋有兩款印章，其中一款碑型紅色印章上的文字是：「暹羅／吳泰安／住三聘街／汕頭／普通莊／住永和街」，另外一款長條型藍色文字章是：「魏啟峰回批」。這兩款印章告訴我們，泰國吳泰安攬收的批信，寄達汕頭時，由汕頭跟其聯號的普通莊批局經辦轉投業務，汕頭普通莊批局收到吳泰安寄來的批信後，按地址分別再委託各縣投遞批局把銀信投送到戶，該批信地址寄至楓溪，由魏啟峰批局投送並代收回批。

3. 預印信文

「茲寄廣順利批局遞去銀　　元，到時查收。音來知，候有厚利入手，自當多寄，不用遠念。荷蒙　　神功庇佑兩地，平安喜之勝也。」（圖 5.5）這是 20 世紀初期泰國廣順利批局預印的帶批信內容的摺疊式僑批。

圖 5.5

近現代華人出洋東南亞，大多數都是出賣苦力的勞工。他們基本沒有受到什麼文化教育，許多人連大字都不識一個，更談不上寫信。汕頭自1860年開埠後，1867年便跟東南亞各國通行機器輪船（俗稱火船）。交通的便利，使大量潮汕貧苦人民得以出洋打工謀生。據記載，自宣統年間至20世紀20年代的20多年，每年從汕頭港出洋人數，多則十四五萬人，少也十餘萬人，歸國僑胞約六七萬至十萬。若以出洋跟歸國相抵後，20多年來，單就從汕頭港淨出洋人數也在百萬以上。

如此多的出洋打工者，每月到批局寄批，大多數還必須由批局代寫批信。這樣，批局想出預印批信信文的辦法，讓華僑在寄批時，只需填上收批人名址、所寄批銀數和寄批人姓名等便可以了。上面所引的批信信文還會因不同批局印製而內容有所不同。如華祥興批局的預印批信內容是：「敬啟者，現居客地平安不用掛念。今寄華祥興去龍銀　　元，查收可也。並及諸務回明來知，卜近前有利入手，佳音捷報，不必遠念。陳安　年　月　日寄」（圖5.6）。和合祥批局預印的批信內容則是：「茲寄和合祥信局遞去大銀　　元，到時查收。回音來知，候有厚利入手，自當回家，不用掛念。幸蒙神天庇佑，兩地平安。專此　年　月　日　寄」（圖5.7）。

這些預印批信的信文內容，有的強調「有厚利入手」便「自當捷寄」，有的則強調「有厚利入手自當回家」。可見，批局也是經過一番調查，總結出當年出洋打工僑胞最多說、最想說的話印到批信上。當然，所預印的批信還會留出些空白紙面，可讓僑胞增添自己想說的話。如圖5.6、圖5.7，僑胞便都有在信中另加文字內容。

4. 補批

僑批從海外寄達汕頭，汕頭批局一般都會在批信背面貼上一枚小信封，裏面放一張空白信紙，作為僑戶收批銀後回信之用，這就是回批。回批由收信人寫好後，交批腳（批局僱傭的送批者）帶回汕頭批局，由汕頭批局寄到海外批局，再由海外批局交還寄批人，這才算完成了一次寄批流程。

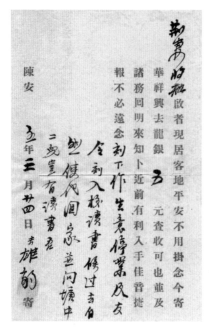

圖 5.6

圖 5.7

　　批信或回批若在途丟失，批局便會做相應的補救措施。如批信丟失，批局會根據海外同時寄入的幫單（即寄批清單），重新按名址抄錄一份；若回批丟失，則會讓僑戶重寫一份。圖 5.8 是海外華僑陳樹龍寄澄海漁洲僑批，此僑批是汕頭批局依幫單用白紙抄錄一式兩份，批箋同列「端」字 163 號，左邊批箋用商碼書寫，右邊批箋用阿拉伯數字書寫。左邊批箋正面蓋有 1953 年 1 月 24 日汕頭中國銀行紅色結匯章及「升人民幣」文字章，背面蓋同日汕頭特准批信局專用郵戳。右邊批箋正面沒有蓋結匯章，而是蓋一款文字章，內容是：「前批失落另補」。在此文字章下方註「十二月十二日分」字樣。意思即是，此僑批是補 1952 年 12 月 12 日分送時失落的僑批。

　　另有新加坡有信莊收寄的僑批，批信列「莊」字 713 號，由新加坡華僑陸錦榮寄揭陽桃都的批信，因回批在寄回新加坡途中丟失，有信莊批局特地用信紙寫一小便條，內容如下：

圖 5.8

十月廿一日

莊 713，陸錦榮 75 元，揭東嶺竹林圍，陸春和，回文原於十月二四日到汕，即日寄發叻莊，茲承叻稱無到料，係失落請即另補。

此致

揭陽有信

12 月 2 日

便條左上蓋「補批」字樣。揭陽有信是汕頭有信莊批局的分支機構，汕頭有信跟新加坡有信也是同一家批信局，因此，補批手續由揭陽當地有信批局發送。

5. 批信未到，批銀先還

今天已是電子匯款的時代，我們到郵局匯款，營業員在完成你的匯款業務的同時，匯款目的地郵局也收到了你的匯款，當然，郵局還要打印、

投送領款單等，一系列動作過後，收款人最快也要三幾天至一星期才能收到款項。

在過去，東南亞各國的華僑到批局寄批，批局需把批信通過當地郵政寄到中國，批銀通過銀行、錢莊等匯到中國，國內聯號批局再把批信和批銀從郵局和銀行、錢莊領取後送還僑戶。這個過程，快則一周左右，慢則十天半月甚至更長。

批局是私營企業，批局與批局之間存在競爭，批局與其他兼營批信業務的單位如華僑銀行也存在競爭。因此，如何做好對僑戶的服務，急僑戶之所急，儘快把批銀送到僑戶手中，是每個批局經營的基本功。

汕頭有信批局老闆芮弼卿之子芮詒壎在其回憶文章中曾寫到，在新加坡，各個較大的批局，司職員工都必需備一小本子，以便記錄所攬收批信華僑的基本資料，如家鄉地址、親屬姓名、人數、每月寄批銀數額等等。此外，還可視寄客的具體情況給予全賒或半賒批款，待回批返新加坡後，再讓寄客還銀。

其實，當時批局還有一招讓僑戶稱道的，便是投遞批局先還批銀，後補批信。海外批信在郵寄中時有阻滯，收寄批局便會通知汕頭聯號的投遞批局按幫單（匯款目錄）所列的名址及批銀數，用批箋抄錄後先行把批銀送還僑戶。如泰國和合祥信局用票根抄寫的批箋，批箋於民國廿八年完月廿二日（即 1939 年 12 月 22 日）發，背面蓋一長方形無框紅色文字章，內容是：「原批在香未到，先照目錄分發，批面銀額如有錯誤，候原批到，查實再行補退」。又如圖 5.9，是汕頭萬豐發批局代理的批箋，該批箋其實也是按目錄抄錄先送批銀的批箋，批箋背面同樣蓋有一款文字章：「原批未到 / 銀先分還 / 倘有錯交 / 原銀退回」（圖 5.10）。

批局先還批銀後，待原批信到達汕頭，便在原批信上面另蓋一文字章：「銀已先還 / 原批補發」（圖 5.11）。

6. 批銀未到，批信先還

上一篇介紹了批局急僑胞所急，當批信或批銀未到，常常按幫單抄錄

圖 5.9　　　　　　　　　　　　　　　　圖 5.10

批銀金額,上門先還,待批信到達後,再把批信補送還僑戶。

　　但是,在特殊情況下,批局也未必都把批銀先還,而是批信先到先還。請看圖 5.12,是泰國華僑於 1937 年前後從泰國寄隆都的批信,批信「外(付)國幣陸元」,批局在批封正面蓋兩款文字章,一款內容是「訂交法定紙幣」,另一款只有「未發」兩字。「未發」意思即是批款未發還僑戶。為什麼批信先到送還,批銀不能先還?

　　原來,在 1936 年 6 月,廣東陳濟棠政權因發動「兩廣事變」失敗下野,之後,他推行的廣東法幣也開始逐漸被中央幣所代替,至 1937 年上半年,僑胞寄批款時,有寄中央法幣,也有仍寄廣東法幣。批局便會蓋上「訂交法定紙幣」字樣的印章,以便按實處理。由於廣東法幣跟中央法幣有一定的兌換差價,且隨着批銀的到達時間不同,兌率或會變動,批局只能待批銀到達後,按實還款。

　　還有一種情況,也是批局不願也不敢先還僑戶批銀。例如,一封吉隆坡華僑於 1947 年前後寄潮安浮洋的僑批,上書「外付去國幣貳拾伍萬元」,

圖 5.11　　　　　　　　　　圖 5.12

批信正面左上方蓋有一款藍色文字章：「信從郵寄／款另匯來」。意思即是，此信是由郵政寄達的，先到先還；批款從另外管道匯來，待到達後再送還。

　　抗戰勝利後，國民黨政權忙於打內戰而不顧民生，通貨膨脹日益嚴重，國幣飛快貶值。批局當然不敢先行墊付批銀了，只能待「款另匯來」後，再行送還給僑戶。以上兩例都是批局在特殊時期的特殊操作，並不常見。

7. 信資免給

　　東南亞僑批信局是近現代華僑出洋之後的產物，其從水客操作發展到信局經營，很明顯是借鑒了國內民信局的經營方法。既然是借鑒，就不是全盤模仿，就有所不同，如對信資的收取就是代表。國內民信局對信資的收取習慣一般為信到給信資，即寄信的資費由收信人交付，寄信人一般是不給信資或只給一半的信資。民信局在信封會蓋上或寫上「到給信資」「到給酒資」「到給酒例」或只是寫「酒例」兩字，給一半或某一程資費也會寫清楚。收信人收信後，就會按信上提示付資。

　　但東南亞的批信局卻不是這樣，僑胞在寄批時，已是把全程信資及匯
費一次性給批局了。國內的投遞批局受國外批局委託投遞，其費用一般由
國外批局負擔，或由其（通過匯率差的收入）自行消化。當批局競爭激烈
時，一些批局還推出寄批免費的優惠條件，以吸引寄客。由於早期的國內
投遞批局也經營國內民信，少數批腳（投遞批信人員）會藉故向僑戶收取
小費，影響了批局的形象。就是到了上世紀二十年代末期國內民信局被取
締停業後，個別批腳還是會藉故向僑戶索取小費。於是，海外批局或國內
投遞批局便會刻製一些宣傳文字蓋在批信上，以杜絕此種有損批局形象的
行為。如圖 5.13，是一件泰國華僑寄澄海樟林的批信，批信到達樟林後，
樟林鄭成順利投遞批局在批封背面蓋上一枚紅色章記：「樟林／鄭成順利回
批／銀即找清經手／是問信資免給」。圖 5.14 是菲律賓寄福建僑批，批封背
面蓋有菲律賓批局藍色批局章，其批局章也帶有類似的宣傳文字：「現鈔分
足／不折不扣／信差敲索／請報本局」。福建正大信局是一家包攬一、二、
三級（即攬收、中轉、投遞）批局，在其投遞的批信上，有時也會另外蓋
上類似的文字：「正大分局流傳頭社／分批交大銀無酒資」。

圖 5.13

圖 5.14

上面幾例均是民國時期批局刻製的防止索取信資費用的宣傳章。其實，中華人民共和國成立後的五十年代，還是不時會發現有極少數送批人員也有類似向僑戶索取「茶水費」現象，批局針對此種現象，也刻製有相應的宣傳章蓋於批封上。如在 1955 年寄潮陽的批信上，就蓋有一枚這樣的文字章：「送批人員不准索取准食茶水等費」，以讓僑戶監督，杜絕此種破壞批局信譽的現象。

二、批信的攬收和寄遞

1. 攬收

批信攬收，可分為被動攬收和主動攬收。被動攬收是華僑到批局設定的營業網點寄批信；主動攬收則是批局業務人員主動到華僑聚集地如種植園、農場、礦山等向華工攬收批信。攬收是批局業務的最重要一環。

同一家批局在同一城市常常有多個營業網點，亦可以在不同城鄉有多個營業網點，其目的不外就是儘量多的收到華僑的批信（銀）。

據新加坡有信銀莊（批局）家長（按：即老闆）芮詒塤的回憶，有信銀莊在新加坡的地址設於大坡鬧市二馬路 38 號，在小坡的梧槽律 222 號設分號。除主分號店前營業外，還在附近各州府如吉隆坡、馬六甲、檳榔嶼、澎亨、霹靂、丁加奴、山打根以至印尼所屬的爪哇、蘇門答臘、加里曼丹分設營業網點。

有信銀莊不僅開設多個攬收網點，還常常派業務人員到各橡膠園、錫礦場、工廠等地攬收批信。當時一些農場主為了儘量把華工的血汗錢留在自己口袋裏，便在農場、礦場開設各種娛樂設施如酒吧、舞廳、賭場等，美其名為華工解悶。批局業務人員要進農場攬收批信，還須花去若干周折，或給包工頭一些甜頭，才能進入農場收批。

按他們的經驗，每年的 1-3 月（農曆，下同）為收批淡季，4-9 月為

收批平季，10–12 月為一年最旺的收批季節。[1]

2. 寄遞

　　批信的寄遞有兩層意思，一是指郵政寄遞，一是指投遞批局分送批信（即批腳送遞）。批信一般都是國際郵件，寄出國（或地區）的批局把攬收到的批信登記、分類整理後，送到當地郵政局檢查、付郵資、封包，再交郵政部門以國際郵件寄達國內，由國內的中轉郵局通知相關聯號的投遞批局領取批信。一般來說，廣東的潮幫批信均寄到汕頭，再由駐汕頭相關聯號的甲級批局領取轉投至各縣鎮；福建幫的批信寄達泉州，同樣由駐泉州的甲級批局領取後轉投到各縣鎮。有時一些海外批局在汕頭或泉州沒有相關聯號，則要再轉寄至其有聯號業務的縣。

　　投遞批局分送批信，都由批腳投送，是批信寄遞的最後一站，亦是最為辛苦、最為重要的一站。批腳一般都沒有交通工具，以步行的方式將僑批送至僑戶手中。在特殊時期，如抗戰年代，部分地區的批信還要以武裝押送的形式投送。

三、批信局經營網絡

1. 兼營是批信局的最大特徵

　　王炎榮主筆《汕頭華僑志》記載，1860 年汕頭開埠後，大批往暹羅的潮州人，多從事大米收購、加工、包裝、運輸與出口；或從事苦力勞動，如修築鐵路、港口、街道、商店、住宅；也有部分潮人受僱到山巴種胡椒、甘蔗、煙草、蔬菜、棉花等。旅居吉隆坡、新加坡、柔佛州、檳榔嶼等地

---

[1]　參見芮詒塸《有信銀莊（批局）瑣憶》，載政協汕頭市委員會文史資料研究委員會編《汕頭文史》第四輯第 95—97 頁，1987 年 5 月。

的潮僑，則多從事胡椒、甘蜜及橡膠的種植。此外，一部分潮僑分散在馬六甲、森美蘭、雪蘭莪、吉打等地從事商業、捕魚，水稻、蔬菜、碩莪的種植以及釀酒、陶瓷生產等。

華僑移居東南亞，多從事種植業、加工業、採礦業等體力勞動，或經營手工業和商業、服務業。

那時的人若要寄錢回中國，只要寫明收信的對象，再把錢交給做匯兌的雜貨商號。待收到一定數目後，雜貨商會列出一張名單，送去新加坡。新加坡有一些大規模的匯兌商號，專門做這種生意。這些大規模的新加坡匯兌商行並不需要真的把收到的大筆款項，寄去中國。他們會列出一張單據，交給其在中國的分號或有生意往來的夥伴。中國方面就會取錢去給各個收款人。而這筆錢，會在日後雙方的貨物交易中償還、抵銷。

下面是馬來西亞南方學院安煥然、李文輝採集的潮人拓殖柔佛州的口述歷史資料中有關僑匯的部分：[1]

① 口述者基本資料

口述者姓名：陳燕鳴

年齡：70 歲

祖籍：潮州澄海

移入大馬：第三代

職業：商人

學歷：新加坡工藝學院畢業

社會地位及社團職銜：寬柔中學副董事、新山電業公會主席

採訪者：安煥然講師、李文輝

採訪日期：2001 年 7 月 13 日

採訪地點：新山 taman molek

1　馬來西亞南方學院華人族羣與文化研究中心編《潮人拓殖柔佛原始資料匯編》南方學院 2003 年版。

　　那時的西方銀行無法完成這樣的工作。銀行的規模很小，在中國沒有聯號，沒有人脈網絡，無法代其付款給收信人。而且，當時的銀行並不普遍，多數設在大城市，他們沒有辦法像這些鄉下的商號，熟悉地方上的事物。所以從前的人要匯錢回家鄉，只需要寫上鄉名及收信人姓名，通過匯兌商就能夠把錢匯到。而且從前的人安土重遷，是以住址是很少會更動的。因此，匯錢回鄉就要靠這些雜貨商，尤其是那些大型的雜貨出入口商，他們和中國汕頭的商業往來十分的密切。

　　② 口述者基本資料

　　口述者姓名：蔡金豹

　　年齡：80 歲

　　祖籍：潮安高廈鄉

　　職業：商人

　　社會地位與社團職銜：麻坡廣東會館主席

　　採訪者：安煥然等

　　採訪日期：2002 年 4 月 4 日

　　採訪地點：麻坡潮州會館

關於麻坡早期潮人所經營的行業

　　問：早期，麻坡潮州人經營的雜貨店有哪些？

　　豹：雜貨店就是賣米、糖。麻坡出名的商號就有福源，還有很多。

　　問：怎麼寫？

　　（蔡金豹先生寫出麻坡早期一些著名的商號，謹此茲列於下。）

　　1 利盛港：泰昌——雜貨、樹膠、布莊、信局、代理商。東主為蔡敬三、蔡奇正。

　　2 對面港兩條石：成正發——樹膠、雜貨。東主蔡東木。

　　3 福源——東主蔡福伯。

　　4 福盛——東主蔡廷瑞。

　　……

　　新加坡南洋中華匯業總會1947年出版了一本年刊，刊登了大量僑批信局的廣告，現就其中潮幫批信局的廣告整理統計如表：

序號	批局名稱	經營狀況	
		主營	兼營
1	榮美匯兌信局	僑匯	樹膠、出入口
2	信通匯兌莊	僑匯	—
3	黃瑞隆匯兌信局	僑匯	中西各式美酒
4	光德棧成記批局綢莊	僑匯	各式布疋雜貨
5	四海公司匯兌信局	各種雜貨出入口	僑匯
6	春泰茶莊匯兌	祖國名茶、中西布疋等	僑匯
7	南昌信局	僑匯	—
8	永吉祥盛記匯兌信局	僑匯	—
9	萬合豐信局	僑匯	—
10	許聯成匯兌信局	僑匯	中外雜貨出入口
11	有信莊匯兌信局	僑匯	—
12	公和發瑞記信局	僑匯	—
13	吳成興匯兌信局	僑匯	詔安鹹金棗
14	祥泰隆匯兌信局	僑匯	—
15	永德盛匯兌信局	僑匯	—
16	志大公司	僑匯	廣告業
17	潮昌興記	米糖油豆等雜貨	僑匯
18	均源匯兌莊	僑匯	雜貨
19	貴順信局	僑匯	布疋、中西藥品
20	裕泰匯兌信局	僑匯	—
21	大陸公司	出入口、腳踏車、汽車	僑匯

（續上表）

序號	批局名稱	經營狀況	
		主營	兼營
22	南順公司匯兌信局	乾果雜貨糖油米豆等	僑匯
23	中和商行	歐美腳踏車及機件	僑匯
24	萬和成信局	僑匯	—
25	和源匯兌信局	僑匯	回國船票、中西藥品
26	元發利匯兌信局	僑匯	—
27	新發公司	僑匯	出入口土產、雜貨
28	匯通匯兌信局	僑匯	—
29	永吉昌	布疋、化妝品、酒	僑匯
30	萬順成匯兌信局	僑匯	—
31	大信匯兌批局	僑匯	—
32	信通匯兌信局	僑匯	中西美酒
33	怡盛有限公司	黃金、礦務、出入口	僑匯
34	公發祥公司匯兌信局	僑匯	—
35	郭豐成匯兌信局	僑匯	酒業
36	孔明齋	僑匯	—
37	聚華公司	腳踏車、風車	僑匯
38	協豐匯兌信局	樹膠、乾果雜貨	僑匯
39	新泉和匯兌信局	僑匯	—
40	裕成利匯兌信局	僑匯	—
41	裕生匯兌信局	僑匯	—
42	添盛信局	僑匯	—
43	泉豐公司	布疋	僑匯
44	陳昌合信局酒莊	酒	僑匯

（續上表）

序號	批局名稱	經營狀況	
		主營	兼營
45	萬豐隆公司匯兌信局	僑匯	—
46	四寶文印務有限公司	印刷業	船務、匯兌、文具
47	許順記匯兌信局	僑匯	—
48	金龍泰茶行匯兌信局	茶葉	僑匯
49	萬山棧	南北藥材	僑匯
50	全亨裕匯兌信局	僑匯	出入口土產

　　表中共採集了所有 50 家潮屬批信局的廣告樣本，其中專營僑匯的有 22 家，兼營的有 28 家。兼營行業最多的是雜貨商，有十家；其他的還有礦業一家；船運一家；藥業三家；腳踏車和汽車行業三家；橡膠業兩家；廣告、文具、印刷等各一家。此外，還有一些經營茶葉、中外名酒、以及化妝品的商舖也從事僑匯的經營。值得注意的是，那 22 家沒有兼營其他行業的批信局，卻有多家還從事其他金融業務，或其本身就是錢莊分設的僑匯部。如有信莊匯兌信局，便在汕頭設立了有信銀莊。

　　僑批信局多以兼營的方法經營僑匯，是由多方面的因素決定的。從表面上看，批信局兼營，可以獲取更多的利潤，水客當年便是以兼營的方法為華僑帶批。作為專業管理的僑批信局，利用兼營手段，可以更好地利用僑匯資金獲取更多利潤，又可以通過同潮汕客戶的貿易，縮短批匯的寄達時間。而作為雜貨店等兼營收批點，同樣可以利用僑匯資金做生意，也可以讓寄批者順便購買自己店的商品。

　　然而，批信局之所以必須兼營，首先是批局之間競爭強烈，利潤微薄，許多信局如若只經營僑批業務是難以為繼的。

　　批局對信匯款一般取千分之十上下的佣金，或僅在匯價的申算上多取

若干，不再另外收取佣金。[1] 可見批局為了吸收僑匯，對寄客所收手續費是很低或不收手續費的。這樣一來，批局只有通過匯率價差和兼營來獲取利潤。

此外，僑居國政府對批信局所採取的種種管理及限制政策，客觀上限制了批信局的發展，從而也使其轉向了兼營。

泰國不少批信業經營者，其本行或是金行，或是服裝行業，批業亦是兼營。

2. 經營網絡化

與其他商業行業一樣，僑批業很早就建立了同業公會，無論在南洋各國的批信局還是國內的投遞信局。同業公會不僅是為協調同業間的利益，亦是為同業間開展業務提供方便。他們業務上雖然相同，卻因為「同為異鄉為異客」，相互間常常互相幫助，形成一種無形的業務網絡。

圖 5.15　19 世紀創立於曼谷三聘街的陳焯剛金行和鄭成順利　　圖 5.16　泰國
金行，後者（左側樓）還兼營批局　　　　　　　　　　新大陸洋服行
特設銀信部

1　姚曾蔭《廣東省的華僑匯款》，商務印書館 1943 年版，頁 19。

　　成立於 1882 年的泰國曾錦記銀信局，經理曾以偉（澄海籍），該批信局在汕頭市區、澄海各設本號分局，1930 年後關閉汕頭分局，批信由同鄉人開設的陳炳春批局代轉。林成合批局，1910 年開業，設於泰國素吻府，是一家設於小地方的兼營批局，專替家鄉僑民接收批信。信用郵寄款由家鄉批腳到指定銀莊支取後投送。許明發信局，1916 年開業，經理許玉聲，饒平隆都（現屬澄海）籍，批局與汕頭許福成聯號，轉投饒平、澄海等地。

　　上引幾例，可看出泰國的潮幫批信局經營網絡的親族性及對同鄉關係的認同和信任。其實，在東南亞的其他地區如新加坡，批信局的經營也存在同樣的特點。致成棧批局，創辦人黃繼英，澄海籍。據其後裔黃少雄介紹，其先祖黃繼英於 1822 年從馬來半島來到新加坡，1825 年入印度人開辦的織布廠做工。是時布廠不斷有來自同鄉澄海的鄉親。後來，印度老闆破產，黃繼英接手該廠位於山仔頂的曬布場，於 1829 年開辦了致成染坊，原布廠的鄉親紛紛聚集到致成染坊來。黃繼英又在新巴刹瑪淡厝購得一塊地皮，蓋上廠房和舖面，叫致成棧。1835 年，黃繼英在小坡又成立了致成信局，其業務是專司代理託回家鄉的鄉親的銀信。服務地段只限於澄海家鄉及鄰近鄉村。成立於 1921 年的有信莊批信局，創辦人劉葵如，潮安龍湖人。有信莊批信局是一家大型批信局，同年還在汕頭成立同名投遞批局和銀莊。我們從上引的其業務聯號可看出，這些聯號同樣均屬潮屬批信局。

　　以上幾例，充分說明了潮幫批信局在經營網絡上的家族式或族羣式的特點。其實，我們從 1947 年南洋中華匯業總會的年刊所刊載的「潮僑匯兌公會全體會員合影」「閩僑匯兌公會全體會員合影」和「瓊僑匯兌公會全體會員合影」這一資訊可知，這種網絡關係不僅存在於潮僑，也存在於閩僑和瓊僑。因為同業公會本無需幫派，而是一種同行業間的內部管理與協調的需要，冠以「潮僑」「閩僑」「瓊僑」，族羣性派系特徵明確，可見它不僅是同行業間的內部管理與協調的需要，而且還是族羣對付外來競爭或威脅的自我保護的產物。

　　据汕頭檔案館等單位合編的《潮汕僑批業檔案選編》可知，時有潮屬批局 81 家，客屬批局 11 家，瓊屬批局 11 家，廣府六家，閩屬批局一家，總計 110 家。[1] 轉載者雖然沒有說明具體時間及轉自哪裏，但筆者推斷，此表應該刊於 1947 年的暹羅中文報紙。[2]

暹羅華僑銀信局公會會員錄
潮屬 81 家

商號	代表人
成昌利	蕭桌珊
南昌隆	陳培南
振盛興	曾壯吾
泰源亨	陳畏三
源泰昌	王步青
倫敦	余作舟
廣順利	謝惠松
同發利	羅堯大
協成興	許漢平
和合祥	張伯繼
陳炳春	陳兆森
永順利	馬燦豐
永振發	馬惠民

1　此表錄自汕頭市檔案局、汕頭市檔案館、僑批文物館、潮汕僑批檔案館合編《潮汕僑批業檔案選編》第二部分「抗戰勝利後的汕頭市僑批業同業公會」，頁 327。

2　參見洪林、梨道綱編著《泰國僑批業資料薈萃》，第 230 頁，原文是載於 1948 年 1 月 1 日《中原報》署名丁流文章《流水落花春去也——一年來僑匯概述》。文中有「如現在曼谷 113 家批局中，潮屬就佔了 83 家，其餘廣、瓊、客、福各屬的總和僅得 30 家。」

（續上表）

商號	代表人
協成豐	馬瑞凱
馬泰盛	馬定洲
榮豐利	徐名興
萬興昌	許允詩
德順盛	馬鑒波
吳泰安	李俊三
美盛和記	陳書辰
成順利慶記	鄭睦宇
許明發	許聲英
振泰豐	鄭德芳
永興盛	林秉輝
南昌合記	劉朝陽
天外天	陳雁秋
泰興裕	張香籌
繁榮公司	陳松茂
馬金峰	馬植南
成順利賢記	鄭敦茂
榮盛利	劉廷服
黃幹成	鄭國良
永成豐	洪瑞雲
羅祥發	羅玉彬
義瑞興	余為超
正基	馬實秋

（續上表）

商號	代表人
炳合豐	陳欽賜
早豐良發	陳福良
振華豐	陳谷華
和和	許培豐
光華隆	紀經才
明興發	周燦如
泰和隆	紀經智
許廣和成	許君澤
展亞	盧位音
泰合昌	蔡布大
耀隆昌	楊元龍
泰成豐	陳府銘
源豐發	林永才
吳嘉興	吳醉白
潮源興	紀明潔
進盛利	羅價藩
永順泰	馬烈英
公興昌	林拱庭
長興	陳紹勛
侯鴻盛	侯祥清
永昌利	陳漢光
許信成	許大廷
榕江	林彩輝

（續上表）

商號	代表人
振潮興	陳府弼
華豐泰	許潮藩
進興昌	陳錦進
裕豐	陳梓宏
松興泰	黃景雲
翁嘉源	翁漢銘
錦潮興	黃潮鵬
榮德泰	吳達經
錫豐公司	張仲渠
常豐泰	陳德霖
永華峰	綿峰
陳振興	陳振剛
王利市	王易合
光華興	張耀坤
李耀源	李揚源
永泰祥	陳松保
裕興盛	陳永興
永順成	黃漢秋
乾華隆	徐漢清
長興利	林宗邑
振成豐	許子青
馬麗豐	馬燦然

客屬 11 家

商號	代表人
熊常興	熊文海
湄光公司	鄧紹懷
振遠公司	林權興
伍東白公司	鄭振烈
陳華興公司	陳伋華
榮興隆	薛孟賢
咸豐泰	謝迪生
斯為美	鄧天南
金衡隆	管芷衡
永生隆	梁劍鳴
廣潮盛	張熙遠

瓊屬 11 家

商號	代表人
永吉安本記	雲穆華
新大陸	陳玉樹
南成豐	呂先瑗
泰源盛	張學標
合成豐	謝聖川
光亞公司	唐德堂
永源通	吳乾明
泰成豐	謝佩吾
永源豐	呂先通
南成公司	陳明波
曾順發	陳嘉應

廣府六家

商號	代表人
廣泰來	黃華彬
廣源	何少軒
同裕公司	劉亦方
新泰祥	梅若喬
怡興	譚義倫
李添記	胡鎮銓

福屬一家

商號	代表人
錫碧斯記	白錫碧

汕頭作為粵東（潮梅）乃至閩南地區僑批接收樞紐城市，很早亦有同業的批業公會組織。據謝雪影《汕頭指南》（1933 年版）記載，20 世紀 30 年代汕頭埠有批局 55 家，僑批業公會已經成立，地址設於商平路市總商會內。至抗戰勝利後公會地址改設於汕頭市會館左巷 5 號。1946 年 6 月，公會會員 58 家；到 1948 年 8 月，增至 65 家。

四、僑批上的廣告

廣告是商品經濟的產物，自從有了商品生產和交換，廣告也隨之出現。廣告有廣義和狹義之分，廣義廣告包括非經濟廣告和經濟廣告。非經濟廣告指不以盈利為目的的廣告，如政府行政部門、社會事業單位乃至個人的各種公告、啟事、聲明等。狹義廣告僅指經濟廣告，又稱商業廣告，是指以盈利為目的的廣告，通常是商品生產者、經營者和消費者之間溝通

資訊的重要手段，或企業佔領市場、推銷產品、提供勞務的重要形式。

我國是世界上最早擁有廣告的國家之一。據史料記載，我國早在西周時期，賣糖食的小販，便懂得用吹簫管之聲招徠生意。到了唐代，則已有「懸幟」廣告。唐張籍有「高高酒旗懸江口」，杜牧有「水村山郭酒旗風」等詩句。北宋時期（960 年—1127 年）濟南劉家針舖的廣告銅版，現存於上海博物館。是迄今發現的世界最早的印刷廣告物。

僑批是近現代華僑出洋打工後寄回家鄉的銀信，水客時期的批信迄今尚未發現有廣告資訊，只有在批局出現後，才在批封或批信上見到廣告。

僑批封上的廣告大致有三大類：一類跟批局業務根本沒有關係；一類是批局的專業性通告、聲明；還有一類則是批局的綜合業務（包括兼營業務）廣告。

僑批業進入專業經營時期之後，因為競爭激烈而加大了經營難度，因為批局一般都是免費提供信封信紙給華僑寫批，一些經營者為了減低經營成本，就用一些印有各種廣告內容的信封提供給華僑寫批。這樣對批局也好，對廣告者也好，都是雙贏。如上世紀二十年代新加坡華僑陳德英寄潮安南桂都僑批。批封正面圖案是帶有濃郁的中華民族吉祥文化的菊花圖案，背面是一幅廣告圖。廣告圖分左右兩部分，左邊印有廣告者「香港璧亞皮革有限公司」的皮革產品文字廣告：「璧亞皮唸，貨物精緻，用過之人，個個滿意，留學青年不可不購。總行在香港文咸東街二十一號……」在此文字下面，又有一段文字：「另有新式女界手楂袋數十種，價廉物美」。右邊則是描繪一男一女兩位手提皮袋的留學青年形象。

圖 5.17 是上世紀五十年代馬六甲（今馬來西亞的一個州）華僑寄潮安古巷的僑批。批封正面印有一對鴻雁圖，題款「鴻賓來儀」。此是香港印務有限公司於民國二十八年（1939 年）印製的通用信封，背面一般沒印其他圖案或文字，此種信封多被批局購買後提供給華僑用來寄批。此批封背面因加印有蘇坡福南公司的味精產品廣告，可知是福南公司贈送的免費信封。廣告上部為產品圖案，下部是文字：「調味珍品／葷素咸宜／價廉物美／久藏不變」，再下邊文字是：「馬來亞總代理」和「蘇坡福南公司敬贈」。

　　上面兩件僑批，背面所印的廣告都是跟僑批業無關，但對批局有利的廣告。

　　我們從上世紀三四十年代的舊報紙上常常可見到批局兼營各類土特產、酒、布、米等商品的廣告，但在批封上見到此類廣告，則要到二戰後。隨着戰爭的結束，東南亞各國的僑批業得以恢復正常運作。此時期，泰國批局大都開始印製自己批局名稱的專用批封，一些批局也在封背印有各種兼營業務廣告。如圖 5.18，是泰國吳佳興銀信局的專用批封，批封背面的廣告：「專收潮梅各屬僑批／辦理各省市縣匯兌／接理國家銀行存款／採辦潮梅土產批發／接辦省港名廠出品／運銷暹羅土產發售／諸君光顧無任歡迎」。和和銀信局的專用批封背上的廣告則是：「接收潮汕各屬銀信／經營各港匯兌／找換各國紙幣／代理：移民入口出口各等手續／各港船務公司輪船客票／各國航空公司飛機客票」。

圖 5.17

圖 5.18

　　這些批局所兼營的業務，雖然跟僑批業沒有什麼關係，但是跟華僑還是密切相關的。華僑長期離鄉別井出門在外，家鄉的土特產當然對他們最有市場了，批局兼營這些土特產，不愁沒生意。還有代理移民手續、代買輪船或飛機客票，也是批局為華僑服務的「順手」生意。

　　當然，僑批上做得最多的廣告還是批局自身業務的廣告。如光華興銀信局，在其專印批封的背面下方兩邊，分別印上：「專收潮梅各屬銀信／概全國各大城市僑批」；兩行字中間的文字是：「潮梅／廣州／南澳／香港／福州／廈門」，下邊文字：「歡迎／僑胞／惠寄／歡迎／內地／代理」（圖5.19）。嘉裕銀信局的批封廣告則是：「本局專收潮梅各屬僑批，辦理各省市縣匯兌，接理國家銀行存款，銀信保家，回批快捷，諸君光顧無任歡迎」（圖5.20）。

圖 5.19

圖 5.20

五、航空郵寄業務

　　僑批自從被各國郵政納入規範化管理後，其郵路一直是水陸路。一戰結束後，許多用於戰爭的飛機被擱置，飛行員也失去了用武之地，有人便想利用這些飛機和飛行員從事運輸，於是誕生了航空郵政。20 世紀二三十年代，一些東南亞國家和我國先後出現航空郵政。由於技術限制，早期的航空運輸路線及班次很少，航空郵政並未普及。僅有一些批局為了縮短批信的郵寄時間，嘗試利用航空郵政寄遞批信。二戰結束後，民航事業得到普遍發展，利用航空郵寄批信也開始多了起來。

　　1921 年 7 月 1 日，中華民國郵政開始辦理航空信函業務，當時只辦理國內業務，直到三年後的 1924 年底才開始辦理國際業務。1924 年，中美航線開通，催生了我國最早的國際航空郵件。東南亞地區的航空信件，則要到 1932 年後才有辦理。1932 年 12 月，中法航線開通，越南西貢、泰國曼谷、緬甸仰光等城市開始跟我國有航空郵件往來。新加坡則到 1934 年 5 月中英航線開通後才有航空郵政業務。

　　汕頭於 1929 年冬開始辦理航空信函業務。雖然 1932 年 12 月我國跟東南亞地區已通航，但寄航空信件的人其實很少，因為當時的航線基本是由外國航空公司經營，航空郵資按站分段計費，費用不是一般打工者所能負擔的。1938 年 5 月至 10 月，隨着廈門、廣州相繼淪陷，特別是 1939 年 6 月 21 日汕頭淪陷後，東南亞各國的批信從水陸路寄入我國都困難重重，航空寄批就更不可能了。

　　1945 年 8 月日本投降，東南亞各國批局紛紛恢復批信的寄遞業務。此時期，各國航空郵政業務發展很快，資費也相對便宜了，航空寄批一時成為各批局爭取寄客的宣傳重點。

圖 5.21　蓋有「單航」文字章的僑批

圖 5.22　蓋有「來回航空」文字章的僑批

圖 5.23　新加坡的航空僑批甲

圖 5.24　新加坡的航空僑批乙

僑批上的宣傳章和戳

一、郵政宣傳戳

　　郵政宣傳戳是郵政部門加蓋於往來信件上，用來宣傳、廣告某一事物的帶文字、圖案的特殊郵戳。據介紹，最早的宣傳戳出現於英國 1661 年 6 月 25 日，是一款宣傳郵政業務的郵政宣傳戳。若以 1840 年近代郵政誕生作為分界線，則可見這郵政宣傳戳也是具有「史前」的歷史了。最早的郵政機蓋宣傳戳，則要遲至 19 世紀末期才出現於美國。

　　我國的郵政宣傳戳，據張愷升《中國郵戳目錄》載，最早出現於乙巳年（1905 年）正月七日從武昌寄出的封上，宣傳文字是「回信原交郵政官局」，是一款手蓋的宣傳郵政業務的印戳[1]，之後，手蓋宣傳戳在各地時有出現。首款機蓋宣傳戳出現於 1930 年，民國郵政部門成立郵政儲金匯業局，為了宣傳其業務，刻製了一枚機蓋宣傳戳。1931 年，全國十六省遭水災，郵政又刻製了一枚帶中英文字的機蓋宣傳戳在全國一些大城市使用，至 1949 年底，民國郵政部門先後在全國 16 個較大城市使用了 23 種機蓋宣傳戳，這 23 種宣傳戳中只有三種不是宣傳郵政業務的，其他 20 種都是郵政部門宣傳自己郵政業務內容的郵戳。這三種宣傳戳的內容和使用時間分別是：1. 民國二十年（1931 年）使用的「五千萬同胞待斃／捐款交上海九江路國府救濟水災委員會」；2. 民國二十六年（1937 年）使用的有關勸存救國儲金及救國公債；3. 民國二十九年（1940 年）倡購節約建國儲蓄券。[2]

　　東南亞各國或地區的郵政誕生後，寄入我國的近現代僑批便均納入

1　參見張愷升《中國郵戳目錄（1872—1949）中國郵戳史簡縮本》1995 年版，頁 361。

2　上揭，頁 362。

寄出國的郵政管理。他們要求當地批信局收寄的批信以總包形式到郵局寄發，無論是整包稱重還是按件貼郵計費。大清郵政成立後，也同樣對批信實行管理，一方面要求國內聯號的批信局必須到郵政官局登記掛號[1]，另一方面要求從海外寄入的批信由國內聯號批局到指定郵局領取，回批則也必經郵政以總包寄出。

批信由批局從郵局領出，郵局要求在每件批信上加蓋到達郵戳，一方面證明經由郵局收寄，另一方面證明到達時間。民國時期起用的這些機蓋宣傳郵戳，在僑批上均是作為到達戳使用。

由於近現代東南亞華僑祖籍多為廣東和福建兩省，僑批大多寄達國內的汕頭和廈門中轉，汕頭和廈門在當時也均屬副省級，屬上述全國 16 個較大城市之一，故而目前所見的僑批上加蓋的民國時期機蓋宣傳戳只有此兩城市的郵戳。由於各種原因，目前所見到的民國時期的僑批上，也並不是所有機蓋宣傳戳都能見其上，實物見到的兩市合共也就是如下幾種：

郵政儲金宣傳戳。1930 年 3 月，民國政府在上海成立郵政儲金匯業總局，直屬交通部，把郵政局原來的儲金匯兌業務接收過來，但其人員和機構不變，為此，郵政當局刻製了一枚機蓋宣傳戳。此戳在張愷升《中國郵戳目錄》（下簡稱「張目」）中收有四種戳式，汕頭和廈門均有見使用於僑批封上，且同屬一種戳式。汕頭較早使用日期見於 1930 年 6 月 15 日，比「張目」中較早使用實例 1930 年 6 月 27 日早十多天，而且是見於僑批上，該批由新加坡寄澄海冠山鄉，寫信時間是 1930 年 5 月 6 日，到達汕頭是 1930 年 6 月中旬。蓋其批上的宣傳戳用民國紀年時間：15—6—19，即 1930 年 6 月 15 日，附帶宣傳文字是：「郵政儲金匯兌／穩固便利迅速」，12 個漢字橫排右讀，每六字自成一段，長 37mm，中間是圓型的漢英地名日戳，日戳時間用阿拉伯數字。完整的全戳達 101mm。廈門在僑批上使用此戳的文字內容及排列款式均同汕頭一樣，只是郵戳時間用公元紀年：26—4—33，即

1　參見《中國郵政事務總論（上）1904—1943》北京燕山出版社 1995 年一版，頁 3。

1933 年 4 月 26 日。

「五千萬同胞待斃」救災宣傳戳，俗稱「水災戳」。1931 年 7 月中旬到 9 月，長江、黃河、珠江、松花江等流域普降大雨，17 省受災，災民 8000 萬至一億，幾佔全國總人口的 1/4。國民政府因災情嚴重，於 1931 年 8 月 16 日成立專門的賑災機關——國民政府水災救濟委員會，由宋子文擔任委員長兼財務組主任，孔祥熙任聯絡組主任，朱子橋任災區工作主任，虞洽卿任運輸組主任。委員會邀請全國各賑務機關及慈善機關聯合募捐，聘請中外名人為額外委員。郵政部門也刻製了一枚帶中英文字的機蓋宣傳戳在全國一些大城市使用，宣傳戳的文字內容是：「五千萬同胞待斃 / 捐款交上海九江路國府救濟水災委員會」，分別用漢英兩種文字同刻於一戳上，各地使用實例款式有多種，主要是文字排列有直式和橫式等不同變化，「張目」收有五種款式。此戳蓋於僑批上目前只見汕頭一地，戳式文字橫排右讀，有外邊框成長方形，文字方向跟中間的時間日戳成 90 度角，全戳長 89mm，實例未見廈門使用。僑批上蓋此戳的時間不長，目前已知使用實例的時間跨度只是幾個月。本文圖例時間是 1932 年 6 月 15 日。

「郵寄包裹 / 便利穩妥」宣傳戳。此戳是郵政業務宣傳戳，有直式橫排右讀和橫式豎排右讀之分，郵戳長 62mm。用於僑批只見橫式豎排右讀戳式。橫式戳在實寄封上的使用實例「張目」收入時間是 1936 年 6 月 10 日上海戳。[1] 此戳汕頭和廈門都有使用，但用於僑批到達戳目前只見於廈門，汕頭未見。本文圖例的郵戳時間是廈門 1937 年 1 月 23 日，公元紀年。

「多寄信……」宣傳戳。此戳也是郵政業務宣傳戳，有直式豎排右讀和橫式豎排右讀之分，郵戳長 62mm。此戳在全國使用時間很長，「張目」收入實例從 1936 年 11 月 9 日至 1947 年 9 月 17 日，使用城市也較多，有天津、廣州、北平、廈門、昆明等地[2]，但用於僑批到達戳也只見於廈門一處。本文圖例時間是 1936 年 6 月 21 日，比張目實例早兩個多月。

1　參見張愷升《中國郵戳目錄（1872—1949）中國郵戳史簡縮本》1995 年版，頁 383。

2　上揭頁 385。

「請購救國公債」宣傳戳。1937 年 7 月 7 日「盧溝橋事變」，面對日寇挑起的對華全面戰爭，中國人民奮起抗戰。戰爭使全國金融動盪、經濟恐慌。當時的國民政府財政部隨之於同年 8 月 14 日公佈《非常時期金融安全辦法》，鼓勵存款，限制取款，防止資金外流，號召國民認購公債，節約儲蓄，支援抗日救國。在此期間，國民政府委託中央銀行、中國銀行、交通銀行、中國農民銀行和郵政儲金匯業局先後發行了十幾種救國公債。郵政部門為了配合宣傳，也在全國各大城市郵局起用機蓋郵政宣傳戳。據「張目」收錄實例有四款，文字內容均不同，時間從 1936 年 10 月 21 日至 1937 年 10 月。[1]但蓋於僑批上作到達戳使用較晚，宣傳文字也最少，只有「請購救國公債」五字，「張目」未見收錄。此戳只見用於廈門，汕頭未見使用。目前已見僑批蓋此戳時間是 1938 年 1 月至 4 月間。

二、抗戰宣傳文字戳記

在近現代，自郵政誕生後，寄入我國的各種信件，郵局一般都要在上面加蓋到達郵戳，批信也是一樣。一方面證明經由郵局收寄，另一方面證明到達時間。

郵政宣傳戳，是郵政部門加蓋於往來信件上、用來宣傳、廣告某一事物的帶文字、圖案的特殊郵戳。

1931 年 9 月 18 日傍晚，日本關東軍在中國東北炸燬瀋陽柳條屯一段鐵路，反誣中國軍隊破壞，以此為藉口，炮轟中國東北軍北大營，發動了震驚中外的「九一八事變」。「九一八事件」爆發後，日本與中國之間的矛盾進一步激化，而在日本國內，主戰的日本軍部地位上升，導致日本走上全面侵華的道路。這次事件爆發後的不到半年時間，東北三省全部被日本關東軍佔領，因此被中國民眾視為國恥。

1　參見張愷升《中國郵戳目錄（1872—1949）中國郵戳史簡縮本》1995 年版，頁 369—370。

圖 6.1

圖 6.2

　　郵政部門為了讓國人記住這一國恥，以禦侮救國，遂刻製有多款宣傳戳記，如「實用國貨／誓雪國仇」和「同胞快醒／實用國貨」等，加蓋於僑批上。

　　日本帝國主義侵略我東三省後不久，資本主義世界爆發了新的經濟危機。為了緩和危機，繼續推行侵略擴張政策，1937 年 7 月 7 日，日本帝國主義者又悍然製造了盧溝橋事變，向中國發動了全面侵略戰爭。自此，中國進行艱苦卓絕的全面抗戰。

三、抗美援朝宣傳口號戳記

　　1950 年 6 月 25 日，朝鮮內戰爆發，美國為了維護其在亞洲的地位，出兵予以干涉。6 月 28 日，我國政府發表聲明指出：美國對朝鮮出兵，乃是對朝鮮的侵略，是對中國的挑釁，是對聯合國憲章的徹底破壞。7 月 6 日，我國政府再次發表聲明，指出聯合國安理會 6 月 27 日關於朝鮮問題的決議為非法，中國人民堅決反對。中央軍事委員會根據毛澤東的提議，於 7 月 13 日作出《關於保衛東北邊防的決定》。9 月 15 日，美軍第 10 軍於朝鮮半

島南部西海岸仁川登陸。9月30日，周恩來發表講話，警告美國：中國人民決不能容忍外國的侵略，也不能聽任帝國主義者對自己的鄰人肆行侵略而置之不理。10月初美軍越過北緯38°線（簡稱「三八線」），企圖迅速佔領整個朝鮮半島。10月初，中國政府根據朝鮮政府的請求，作出「抗美援朝，保家衛國」的決策，10月19日，中國人民志願軍在司令員兼政治委員彭德懷率領下，跨過鴨綠江，開赴朝鮮戰場，25日，揭開抗美援朝戰爭序幕。

　　為配合「抗美援朝，保家衛國」的宣傳，1951年，汕頭僑批業工會分別以「僑工六組」和「僑工八組」名義，刻製了幾款宣傳抗美援朝口號的宣傳印章，加蓋於僑批上。如一款由「僑工六組」刻製的宣傳口號：「記住八年血海深仇／我們要堅決反對／美帝重新武裝日本」。「僑工八組」刻製的宣傳口號現見到的有三款，內容分別是：1、「反對美帝武裝日本／就要抗美援朝」；2、「記住八年血海／深仇堅決反對／美帝武裝日本」（圖6.3）；3、「努力生產支援前線」。還有一款也是由「僑工八組」印製的順口溜，順口溜用油印方式印成小紙條，貼於批封背面，順口溜易讀易懂，很貼近廣大勞動人民的欣賞習慣，因而也很受大眾喜愛。順口溜內容：

圖 6.3

　　　　反對美帝武裝日本：臭美帝去東京／重新武裝日本仔／瘌口打做糜／
想救伊性命／日本與俺仇如天／舊恨未報新仇起／大家加緊來宣傳／把將
美帝陰謀盡揭露／生產支前／堅決消滅美帝／大家好過太平年。

　　20世紀40年代，還有一款宣傳戳，內容主要是反對美英等國對華僑的歧視
政策。該戳蓋於回批封上，內容是：「打倒美英之壓力／恢復華僑之自由」。

四、批局的其他宣傳戳

　　在不同時期，批局還刻製了一些業務或與時政相關的宣傳章戳蓋於僑
批上，以提示寄批人注意。

　　如蓋於 1935 年 10 月 11 日的泰國僑批上的一款紅色文字章：「本局發
批／概用白銀」。原來，1929 年世界經濟危機爆發之後，1931 年起英、美、
德、加、日、奧等國為了轉嫁危機，相繼放棄金本位制。美國自 1933 年
在全世界大量收購白銀，造成我國白銀大量外流，嚴重擾亂我國的金融市
場。南京國民政府深感改革幣制已是無可避免之事，1935 年 6 月便令財政
部籌劃幣制及財政改革辦法。於 1935 年 11 月 3 日發佈幣制改革令，宣佈自
1935 年 11 月 4 日起廢除銀本位制，實行法幣政策，白銀收歸國有。1935 年
10 月 11 日這件泰國批上所蓋的「本局發批／概用白銀」，時間上看雖然尚
未實行法幣政策，但當時貨幣市場上白銀因「含銀量」高而成搶手貨，批
局以「概用白銀」，實在是為了讓寄客放心。

　　1935 年底，民國政府實施法幣政策後，當時割據廣東的陳濟棠政府與
蔣介石南京政權分庭抗禮，也頒佈了《管理貨幣辦法》。《辦法》規定以廣
東省銀行發行的銀毫券、大洋券和廣州市立銀行的紙幣為廣東法幣，並以
此在全省範圍內收兌白銀。

　　1936 年 6 月，陳濟棠與廣西的李宗仁、白崇禧，以抗日為名，發動了
轟動全國的「兩廣事變」，逼迫蔣介石下野。一個多月後，因眾叛親離而失

敗。陳遂離開廣東，結束在廣東長達八年的統治，但陳濟棠推行的廣東法幣因幣值穩定而得以繼續流通。自 1935 年底至 1937 年上半年，海外華僑寄潮汕的僑批，無論批面上寫寄什麼元批局都會再加蓋一紅色文字章「訂交廣東法幣」或「訂交法定紙幣」「訂交汕頭通用紙幣」等。

如一件寄於 1935 年 12 月 6 日的泰國僑批，批封正面寫「外付華銀伍元」，批局在旁邊蓋「訂交法定紙幣」。

再有，一件寄於 1936 年 7 月的新加坡僑批，批封正面寫「外奉上洋銀拾元」，旁邊加蓋「訂交汕頭 / 通用紙幣」紅色文字章。

此外，一封 1936 年 8 月寄出的泰國僑批，則乾脆在批封上頂蓋上「廣東法幣」紅色文字章，寄批者只在下面寫銀數。

自 1935 年至 1937 年上半年，批局為了減少誤會和明確責任，常常還會加蓋類似的文字章，如「此批在暹寄廣東紙幣價 / 分批故照廣東紙幣交還」，「本局批銀 / 即日發清」等。

直到 1937 年下半年中央政府的「中央幣」才正式得以在廣東流通。這時期海外華僑寄錢時若寫「外寄國幣 XX 元」，批局便會在批封上蓋「訂交中央紙」或「訂交中央法幣」。

抗戰時期，潮汕沿海縣市相繼淪陷。戰爭時期社會動盪，人民流離失所，批局亦常常因此而搬遷，給批信的投遞帶來困難，特別是一些地方因戰亂而臨時改變投遞批局，僑眷與批局人員互不熟悉，故有些基層投遞批局便要求僑眷自己帶原來的批信（習慣稱「舊批」）上門領取批信批款。如一件泰國華僑於 1938 年 11 月 8 日寄潮安溪口鄉的批信，批封正面左上角便蓋有一紅色文字章「帶舊批到湘 / 橋開成取銀」。

五、人民銀行僑匯儲蓄宣傳戳記

中華人民共和國成立後，由於西方國家的敵視和經濟封鎖，外交和外貿均處於不利形勢，難以通過正常國際貿易獲得外匯，而國內飛速發展的

經濟建設和工業化目標又急需外匯。為了打開對外關係和發展對外貿易，1952 年，在中日關係尚未正常化的情況下，中國曾與日本溝通以民間貿易協定方式進行進出口貿易。該協定規定到 1952 年底，每方進出口總額為 3000 萬英鎊。但由於美、日政府的阻撓，日方無法如期完成向中國的出口計劃，不得不延長到 1953 年底，仍只完成原計劃的 5%。在這樣的背景下，僑匯成為新中國外匯收入的重要來源。

「中國政府希望華僑能在國家經濟建設中發揮較大作用，其中心便是爭取僑匯。」誠如 1950 年中國人民銀行行長南漢宸在《關於僑匯問題的報告》中所說：「我們國家正在進行建設，需要進口的東西很多，也就更需要外匯。外匯匯回來，不僅是利益歸了僑胞自己，同時也有功於國家。」在這一大背景下，有僑鄉之稱的廣東揭陽，其縣人民銀行於 1953 年下半年起刻製一款帶圖案的文字宣傳戳，文字內容：「歡迎華僑儲蓄 / 建設偉大祖國 / 揭陽人民銀行製」（圖 6.4）。此款宣傳戳專蓋於揭陽縣境內的僑批上。

圖 6.4

各國郵政對批信的管理

一、南洋各國郵政對批局的管理

　　南洋各國政府為加強對批信局的管理和限制，先後在郵政和金融上出台了一系列相關政策。新加坡郵政部門自 1876 年成立華人小郵局對批信局實行管理。之後，又實行禮申制，要求批信局首先必須向郵政局申請禮申號，獲批准後方可營業。[1]

　　1939 年 9 月，二戰爆發，新加坡政府因恐經濟上受到衝擊，首次實行外匯統制政策，規定每人每月匯款叻幣不得超過 250 元；戰後初期，規定不得超過 100 元；1946 年 3 月 18 日後又規定不得超過 45 元，此後便一直維持45 元不變。此外，當局還規定，批信局申請外匯禮申，每年一次，分 A 牌和 B 牌兩種，A 牌需交保證金叻幣一萬元，手續費 250 元，並須報告商號的組成和負責人、股東等情況，經批准後方可營業；B 牌交保證金二千元，手續費 100 元，辦理手續同 A 牌。不同的是，B 牌經營者不能直接申請外匯及信件的總包寄發，只能交由 A 牌經營者代理。故此，許多實力不雄厚的批信局便只能申請 B 牌，成為 A 牌經營者的二傳手，一些更小的批局便只能成為 A 牌經營者的代理處。

　　泰國也很早便對批信局實行管理和限制，1907 年，政府的郵政部門成立第八郵政局，專門管理批信，並實行一系列有利於政府的政策。1937 年，泰國政府頒佈銀行統制條例，限制私有銀行、錢莊的外匯經營。

　　1945 年 7 月 4 日，當局頒佈條例，宣佈匯兌業務包括批信局一律必

1　匯人《僑匯信件總包封過程／批信局與郵政關係郵資改訂／統制外匯統領外匯禮申》新加坡菜市集郵會 1987 年會刊第四期，頁 145。

須通過國家銀行進行。1952 年 3 月 19 日，泰國政府頒佈命令，規定批信局經營者，必先申請營業執照，並需交足按金 15 萬銖，方可營業。不少交不起按金的批信局，只好自動停業。1953 年 2 月 4 日，泰國財政部宣佈取消私營外匯行業，只批准三家銀信局繼續營業，並需向指定的亞洲信託公司購買外匯。後經僑領陳弼臣、干慕能等的力爭，才得以變通維持局面。

二、國內郵政部門對民信局的管理

大清郵政成立於 1896 年，翌年，汕頭和廈門成立郵政局。郵政局成立之後，逐步對民間信局進行管理，規定：凡有郵局之處，各民信局應向「官局」（郵局）掛號，視作「官局」的代理機構。如汕頭首批被列為郵政代理機構的民信局有 19 家，其中屬寧波信局的有七家，分別是全泰盛、福興康、老福興、董泰仁、鄭和協、榮昌誠、沈昌盛，本地信局 12 家，分別是錢昌仁、莊發、全泰洽、梁誠、泰和隆、源記、泰記、全昌仁、謝興昌、茂昌、泰谷成、裕成，民國初年增加至 40 餘家。

1928 年，全國交通會議決議取締民信局。全國那些純經營國內民信的民信局被取締，而汕頭、廈門經營華僑僑批的民信局，則聯名以華僑僑批款的特殊情況為由請求保留機構，經獲准另發批信局執照，繼續營業。至 1932 年，汕頭批局增至 66 家，佔廣東省批局總數的 70%。1939 年 6 月 21 日汕頭淪陷，僑批業務受到嚴重影響，至 1942 年批局數減至 38 家。抗戰勝利後，逐漸回升，至解放前夕達到 68 家。1949 年以後，人民政府顧及批局在民間的實際需求並享有信譽，允許作郵政和僑匯業務的補充形式而繼續存在。1951 年在汕頭人民郵政局註冊登記的僑批局有 60 家，下轄分號 775 家，其中內地 427 家，港澳和南洋 348 家。1975 年僑批業由中國銀行接辦，郵電局設專台為銀行代理僑批業務。

郵政局對批信實行管理之後，從南洋寄達國內的批信，屬於汕頭郵區

管理的，均要在汕頭拆包檢查，逐封加蓋郵政到達日戳。目前了解到的情況，汕頭郵局加蓋在僑批封上的最早郵戳時間是 1919 年，使用的是普通郵政日戳。1946 年 6 月起，啟用僑批專用郵戳，郵戳為角質八邊形、文字手工刻製。郵戳上的文字是：「國內互寄郵資已納足／特准批信局專人帶送／汕頭郵局」。

　　第一款僑批專用郵戳沒有時間字釘需要同時另蓋一枚普通日戳。為了解決這一問題，1947 年 8 月 29 日汕頭郵政局啟用第二款僑批專用日戳，日戳文字與第一款相同，只是中間增加了時間字釘，為鋼製八邊形郵戳。僑批專用郵戳一直使用到 20 世紀 60 年代末期，款式基本沿用鋼製八邊形，具體款式文字隨着郵政對批信管理政策的變化而變化。

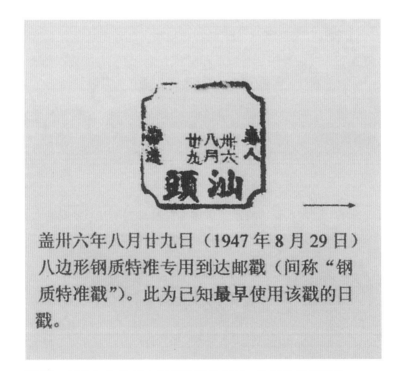

圖 7.1　1947 年 8 月 29 日汕頭郵局啟用第二款僑批專用日戳

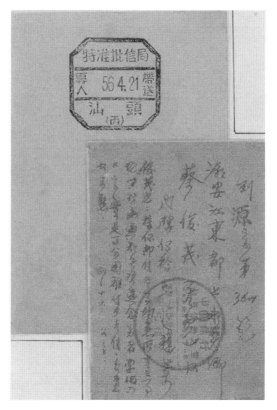

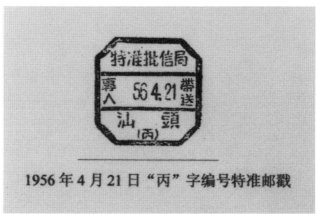

1956 年 4 月 21 日 "丙" 字编号特准邮戳

圖 7.2　1956 年 4 月 5 日汕頭郵局啟用帶天干編號的僑批專用日戳，形制基本
　　　　沿用第二款僑批專用戳。此圖使用時間 1956 年 4 月 21 日，編號「丙」

僑批上的貨幣名稱演變

華僑出洋，除了少部分是出走於南洋諸國經商的商人，絕大部分是打工出賣勞力。他們寄回家鄉的僑批，就是為養家餬口的銀錢。近代中國社會處於轉型劇變時期，特別是進入民國之後，從銀兩制到銀元制再到各種信用紙幣，名稱繁多。僑批上的貨幣名稱亦相應地不斷發生變化，下面簡單介紹一下自清末至新中國成立後僑批上的貨幣名稱演變。

一、銀元

清康熙中後期，海禁解除，我國沿海地區的海貿也得以發展。此時期，西方國家如西班牙、荷蘭、法國的銀元開始流入我國沿海一帶地區。鴉片戰爭以後，帝國主義打開了我國大門，各種各樣的銀元更是通過合法或非法手段流入我國，套取我國的純白銀兩。

1823 年，西班牙在其美洲的殖民地墨西哥鑄造了一款銀元，此銀元在鴉片戰爭後大量流入我國和東南亞各國。因該銀元上的圖案有一雄鷹，是墨西哥國徽，民間習稱為「鷹銀」，又潮語「英」和「鷹」同音，故又稱為「英銀」「英洋」「鷹洋」「洋銀」等；日本明治三年（1870 年）發行的銀元也很快流入我國，因其上面有一龍圖，被稱為「龍洋」。

華僑大量遷徙東南亞，也是在我國國門被打開後。1860 年汕頭開埠，特別是 1867 年汕頭跟東南亞通行機汽輪船，大量勞工得以從汕頭港出洋。此時期華僑寄回家的批銀大都就是這些「鷹銀」。

潮汕地區地處沿海，氣候潮濕，又多風災，故清代留下的僑批就很少了。但我們還是能看到一些寄「鷹銀」「英銀」「英洋」或「洋銀」的僑批，

因為早期華僑大多是出賣苦力的勞工，一般沒有什麼文化，對各國的銀元難以辨別，均以習慣稱呼，或統稱為「洋銀」。因此，在民國初期，僑批上還是可看到「外寄英銀 XX 元」或「外寄洋銀 XX 元」字樣。圖 8.1 這件暹羅華僑寄饒平隆都後溪鄉芳莊社的僑批，所寄批銀是「大英銀十元」，但它不是清朝僑批，因為從其批封背面所蓋的郵政日戳可知，此批寄於 1920 年代。又如沙撈越寄澄海程洋崗的一封僑批，批封上所寄批銀是「洋銀拾元」，封背所蓋的郵政到達戳是民國八年，即是 1919 年。

外國銀元進入中國，衝擊着中國的貨幣流通市場，特別是沿海地區如廣東、廣西、福建和江浙一帶，洋銀元基本成為商貿的主要貨幣，清政府銀兩制度受到嚴重挑戰。光緒十三年（1887 年），兩廣總督張之洞奏請清政府在廣州正式設廠自鑄銀元。光緒十六年前後（1889—1890），第一批光緒元寶銀元投放市場，深受好評，很快受到人民的接受而佔領市場。因其一面鑄有龍圖案，俗稱「龍銀」。

圖 8.1

　　1914 年民國政府頒佈了《國幣條例》，正式確立了銀元本位制度，並陸續發行了一批銀元，如孫中山像開國紀念銀元、黎元洪開國紀念銀幣、袁世凱銀幣等。但由於清末「龍銀」影響突出，老百姓甚至於把民國鑄造發行的銀元也統稱為「龍銀」或「大銀」，清末的銀元實際也在民間繼續流通。自清末至民國初期，出洋華僑寄銀回家的番批上，便習慣用「外付龍銀多少元」或「外付大龍銀多少元」等寫法。如由暹羅王蚊寄饒平縣東官鄉的僑批，批背寫明「戊辰正月十二日」寄，即是 1928年 2 月 3 日寄。批封正面寫「外付去大龍銀貳元」。

　　遲至 1928 年，海外華僑在僑批上仍然用「龍銀」作為批款貨幣名稱，可見「龍銀」在當時的影響之深遠。同時也讓我們在考證僑批年代時千萬要記住，不是寫上「外付龍銀 XX 元」便是清末僑批，而應從全面考察整個批封的時代特徵，如批封背面或內信有沒有寫明寫信時間，信封格式怎麼樣等。例如有件僑批批封正面圖案是一幅花卉圖，繪畫者題款時間是「甲子年八月」，即 1924 年 8 月，故就是封背沒有寫明「戊辰正月十二日」，也可知此批是 1924 年之後寄的僑批。

二、國幣

　　民國成立後，銀兩和銀元一直在我國並行使用。1914 年民國政府雖然頒佈了《國幣條例》，正式確立了銀元本位制度，但多年形成的銀兩制繼續存在，這就給外國銀行業及國內錢莊操縱金融以機會。外國銀元不斷進入我國，而國內的純銀則不斷外流。民國政府於 1928 年 6 月決定廢除銀兩制，實行銀元本位制，政策推出後，便受到外國銀行和銀錢業的強烈反對。1933 年 3 月，民國政府再次頒佈《銀本位鑄造條例》，宣佈自當年 4月 6 日起，在全國實行廢兩改元，以後的銀兩交易不具法律效力，不受法律保護。

　　然而，由於帝國主義對我國白銀的繼續掠奪，使我國白銀嚴重外流，

動搖了民國政府的銀本位基礎，為了挽救這一危機，民國政府終於在 1935 年 11 月 3 日頒佈《施行法幣佈告》，決定廢除銀本位，實行紙幣本位。規定從 11 月 4 日起，以中央銀行、中國銀行、中國交通銀行及稍後加入的中國農民銀行發行的紙幣為法定貨幣（又稱國幣），自國幣發行之日，禁止白銀流通，白銀收歸國有（圖 8.2）。

　　當時國內軍閥割據，法幣政策推行並不一帆風順，如廣東的陳濟棠政權就公開跟中央政府抗衡，自行發行「廣東法幣」。實行國幣政策後，華僑寄錢回家，便在批面上寫「外寄國幣 XX 元」，也有寫「法幣」「國票」等等。但在相當一段時間內，華僑還是習慣寫「寄大銀 XX 元」，或批面雖寫寄「國幣」，實則仍分發「大銀」。下面讓我們看一件當時僑眷收到暹羅丈夫寄來的批銀後的回批：

圖 8.2

　　　　良人尊前福安，是日承接來信一封並寄來國幣肆拾元，經收妥不
誤，照信分發，藉知旅暹平安，喜之勝也。但上信寄來之銀是分來白
銀，順此達知。但俺鄉中現在對於國幣還未有一律行使，而光洋、汕
紙及各種雜紙還能適用通行，而國幣也通用行使。看將來要一律通用國
幣，必至明年春頭……

　　此回批落款日期只寫「乙十一月廿一」，是農曆時間，根據回信內容，
可推算出寫信時間是 1935 年 12 月 16 日。

　　1935 年底，全國實施法幣政策後，當時割據廣東的陳濟棠政府與蔣介
石南京政權分庭抗禮，也頒佈了《管理貨幣辦法》，規定以廣東省銀行發行
的銀毫券、大洋券和廣州市立銀行的紙幣為廣東法幣，並以此在全省範圍
內收兌白銀。為了跟南京政府爭收白銀，陳濟棠政權還特意提高了白銀的
收兌價格，一些地方因此出現了白銀擠兌廣東紙幣熱潮，如潮汕民諺便有：
「笑笑，龍銀換紙票」，成為當時收兌熱潮的生動寫照。

　　1936 年 7 月，陳濟棠在與蔣介石的抗衡中失敗，離開了廣東，但他推
行的廣東法幣因幣值穩定而得以繼續流通。自 1936 年至 1937 年上半年，海
外華僑寄潮汕的僑批，批面上雖然寫「外寄國幣 XX 元」，但我們仍舊可看
到，在批封上常常蓋有一方紅色豎寫無框文字印記：「訂交廣東法幣」或「訂
交汕頭通用紙幣」。直到 1937 年下半年，中央政府的「中央幣」才正式得
以在廣東流通。這時期，海外華僑在寄錢時若是寫「外寄國幣 XX 元」，批
局便在批封上蓋「訂交中央紙」或「訂交中央法幣」，一些簡單些的就只蓋
「中央」兩字。

　　值得一提的是，自 1935 年底至抗日戰爭爆發前，國幣幣值還是比較穩
定的，這從僑批的批面所寄數量便可略見一斑。如在這幾年的贍家批，一
般每筆在國幣 5—20 元之間，30 元以上的就比較少見。

　　抗戰勝利後，國民黨政府為了打內戰，不惜飲鴆止渴，籌措軍費，不
顧社會物資供應量，濫發鈔票，造成了惡性的通貨膨脹。據楊蔭溥《民國
財政史》（北京：中國財政經濟出版社，1985）的著述，以戰前的 1937 年 6

圖 8.3　陳運昇回批

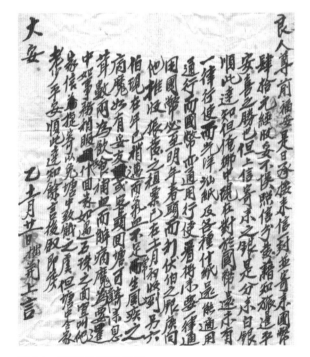

圖 8.4　陳運昇回批書信

月為標準，截至 1948 年 8 月，法幣貶值 400 萬倍，物價上漲近 500 萬倍。又據汕頭民國三十四年十一月十三日（即 1945 年 11 月 13 日）《光明日報》上刊載的汕頭市場大米零售價價格是：上莊白米每市斤 38 元，中莊每斤 37元，次莊每斤 35 元；迨至民國三十七年一月十一日（1948 年 1 月 11 日）《光明日報》上刊載的汕頭市場大米零售價則是：白米每斤 75 萬元。只兩年多時間，汕頭市場的大米零售價就上漲了兩萬多倍。

　　國幣的急速貶值，不僅使民生凋敝，也使海外華僑深受拖累，每月所寄的批款成倍增加，還是趕不上貨幣貶值的速度。請看這兩件僑批，是同一華僑在不到一年的時間寄回家的批信，第一件批寄於民國卅六年陸月初六日（即 1947 年 7 月 23 日），所寄批款是「國幣叁拾肆萬元」，第二件批寄於民國卅七年五月初四日（即 1948 年 6 月 10 日），所寄批款是「國幣貳仟萬元」，時間相距 11 個月，批款增加近百倍，而這貳仟萬元，就是以同年 1 月汕頭市場大米零售價算，也買不到 27 市斤。再看另一件從印尼寄揭

圖 8.5　寄國幣伍億元

陽曲溪的批信，該批信寄於 1948 年 8 月，寄款金額「國幣伍億元」。1948 年 8 月國幣已是接近崩潰，所寄伍億元，基本已成廢紙一堆。

三、儲備券

1942 年，汪精衛偽政權的中央儲備銀行在汕頭創設分行，並發行儲備券（也叫新國幣、新幣），強制在淪陷區流通，並規定，國幣 2 元只當儲備券 1 元。其時，華僑從國外寄回潮汕淪陷區的國幣批款，每寄百元，立時就只剩下 50 元。之後，儲備券隨着日寇在華戰勢日衰而每況愈下，到了 1945 年，變成每 4 元儲備券兌 1 元國幣。日本投降後，更是一落千丈，時民國政府規定，儲備券禁止流通，限定向中央銀行兌換，每 200 元儲備券換 1 元國幣，時 1 元國幣實際已失交易價值，故儲備券也被潮汕民間戲稱為「途死紙」。

1939 年 6 月 21 日，汕頭淪陷，時汕頭各批局均轉移至澄海、揭陽等地。同年年底，才有一些批局陸續回汕。此時東南亞雖還未淪陷，但僑批寄至國內淪陷區，就很麻煩，一方面是郵路受阻，批信需繞道運送；另一方面，日偽政權對批局強制檢查，批銀強制兌換成儲備券方可分發。如圖 8.6，是一件用幫單抄寫的批箋，此批箋寄發國不知，時間也不知，寄達地是潮安秋溪都長遠樓村。是由陳維明寄給其弟陳添合收的批，批款儲備券 200 元。再看圖 8.7：此件也沒有寫寄發國，寄達地是潮安江東井美鄉。寄批人謝瑞雄，收批人謝世傑。此批是用批局預印好的格式化批箋填寫的，左上角印「外付新幣」四個字。批箋上蓋有「中華民國卅三」（1944 年）和「西洋／彩成領銀／須帶老批」兩款紅色文字戳記。

太平洋戰爭爆發後，東南亞各國相繼淪陷，批業基本斷絕。此時期，泰國因投降日本，華人經濟雖備受嚴重打擊，但僑批業仍得以苟延繼續；新加坡及馬來亞諸地，批業則基本停頓，後來只有日本人操縱的台灣銀行，可繼續經營僑匯，但華僑財產已被日寇搜掠殆盡，哪還有錢可寄？

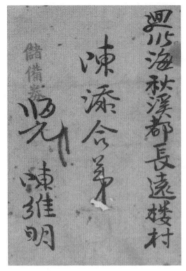
圖 8.6

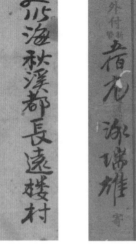
圖 8.7

四、金圓券

為了遏制法幣的惡性膨脹，扭轉崩潰的國民經濟，1948 年 8 月 19 日，民國政府通過由翁文灝、王雲五提出的貨幣改革方案，再次實行幣制改革，頒佈《財政經濟緊急處分令》，廢除法幣、關金券和流通券，以金元為本位，發行金圓券。金圓券由中央銀行獨家發行，發行總額 20 億元。金圓券每元折法幣 300 萬元，禁止私人持有黃金、白銀、外匯並限令於同年 9 月 30 日前由政府收兌為金圓券，全國物價凍結在 8 月 19 日水準。

金圓券發行後，華僑以金圓券寄批。如圖 8.8，是華僑林琪松從馬來亞柔佛州寄潮安古樓鄉「家雙親大人」收的批信，寄款金圓券伍拾元。此批由柔佛州廣泰隆批局收寄，批局在批封正面蓋有兩方文字章，一方是「航空」，另一方是「訂交金圓券」。批封背面有墨寫「戊子民國卅七年八月十四日由叻付來」字樣及汕頭卅七年十月五日特准批信局日戳。即是說，此批 1948 年 9 月 16 日從新加坡寄出，1948 年 10 月 5 日到達汕頭，歷時 19

天的「航空」郵途也確實長了點，這還不算從柔佛轉新加坡的時間。

其實，所謂「航空」，最多也就是從新加坡寄到香港這一段，香港至汕頭只能用陸路或海路，「航空」兩字，不過是批局為吸引寄客的廣告辭而已。故批局另外加蓋的「訂交金圓券」文字章，才是實在的。為什麼這麼說？另有一封僑批，是由同一位華僑所寄，寄批時間是 1949 年 4 月 7 日，批面所寄金額已是金圓券 15 萬元。原來，金圓券發行後不久，又開始迅速貶值，批局之所以在批封上加蓋「訂交金圓券」，就是怕幣值改變或其他變化。果然至 1948 年 11 月，金圓券又大幅度貶值，民國政府不得不又出台《修正金圓券發行辦法》，宣佈准許私人持有黃金、白銀和外幣，每兩黃金由原來折合金圓券 200 元改為 1000 元，撤銷金圓券的發行限額，物價也由限價改為議價。

如此快的政策變化，讓人民難以適從，海外華僑寄批也受到極大影響。因為一封批信若從東南亞寄到國內按半個月的時間算，所寄金額不知要縮水多少成。故此，批局為了明確責任，便在批封上加蓋一紅色無框文字章：「注意 / 收銀人切在 / 回批後面寫 / 明收銀日期」。

圖 8.8

　　1949 年 5 月，金圓券再次大幅貶值，華僑所寄批款已是 100 萬元了。因為貶值太快，時有僑戶拒收批款，批局為了釐清責任和保護自身利益，又在批面上蓋一印章：「注意 / 金圓批款倘被僑眷拒 / 收退回時原銀依照時 / 價申算特此聲明」。

五、銀圓券

　　1949 年 4 月，人民解放軍渡過長江，南京、上海相繼被解放。國民黨行政院也於 5 月 4 日遷往廣州，開始商討發行銀圓券。5 月 7 日，廣州市政府宣佈暫改以銀圓徵稅。當時金圓券實際已經崩潰，民間一般交易多以銀圓或外幣進行，小額交易亦有以物易物。7 月 2 日，行政院在廣州頒佈了《銀圓及銀圓兌換券發行辦法》，恢復使用銀本位的銀圓貨幣，政府交易以銀圓或新發行的銀圓券進行。金圓券 5 億元折合為銀圓券 1 元，並限於 9 月 1 日前收兌。7 月 8 日，重慶亦開始發行銀圓券。由於有法幣、金圓券的前科，加上國民黨政府在大陸戰場上節節敗退，雖然有無限兌換銀圓的保證，銀圓券仍難逃迅速貶值的命運。廣州及西南在 1949 年底相繼被解放，銀圓券亦從此停止流通。

　　1949 年 5 月後，金圓券實際上已成廢紙，華僑也不再寄金圓券了，但在民國政府未正式發行銀圓券之時，華僑在寄批時，往往只能寫「寄銀 XX 元」，批局則在「XX 元」上蓋「基數」兩字，意即以銀元為基數折算。如由馬來亞洪家成寄潮安江東之僑批，該批到汕時間是 1949 年 6 月 11 日，時銀元券尚未發行，批封正面書寫「付大銀伍拾元」，批局則在上面蓋一紅色「基數」文字章。又如圖 8.9，新加坡華僑趙炳泉寄饒邑隆都（今澄海隆都）僑批，批款 30 元。該批由汕頭洪萬豐批局用預印好的「通知書」形式填發，批局在通知書正面原印「國幣」字樣上加蓋「基數」兩字，意即批款為基數銀元 30 元。1949 年 7 月 2 日銀元券發行後，批封上所寫「大銀」才是寄銀元券，例如，新加坡華僑許作庚寄潮安之僑批，該批於 1949 年 8 月 10 日到達汕頭，批款「大銀壹佰元」。不久，銀元券也很快貶值，華僑只能改寄港幣了。

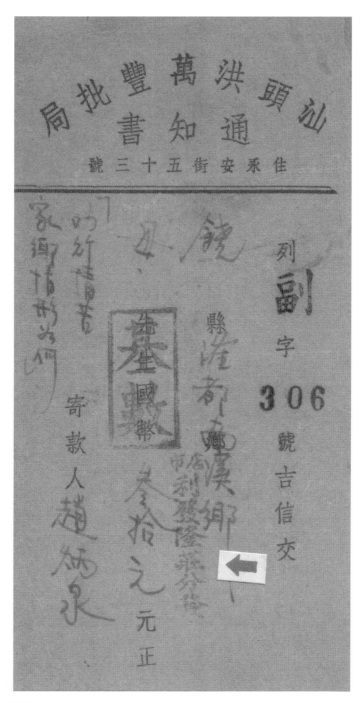

圖 8.9

六、南方券

　　1949 年 7 月 8 日，中共中央華南分局在廣東潮汕解放區揭陽河婆鎮成立南方人民銀行總管理處，並發行貨幣——南方人民銀行幣，作為華南解放區統一的本位幣。南方人民銀行幣簡稱「南方券」。

　　1949 年 10 月 24 日汕頭解放。兩天後，即 10 月 26 日，中國人民解放軍汕頭市軍事管制委員會發佈了金字第一號佈告規定：自即日起，人民券（即人民幣）為汕頭市法定貨幣。「一切稅捐繳納、公私買賣、借貸往來、債務清償、薪資發放與學費，租房之支付等等，一律憑該人民幣流通使用，無論何人不得拒收⋯⋯」同時也規定，南方人民銀行發行的南方人民銀行幣（即南方券）可以並行通用。

　　民國政府於 1949 年 7 月 2 日發行的銀元券，因眾所周知的原因很快就沒有了市場，華僑寄批大多改為港幣。汕頭解放後，人民解放軍軍管會還發佈了外匯管理公告，規定華僑匯款一律需由中國銀行統一結匯。1949 年 11 月初，解放後的汕頭迎來了第一幫僑批的到來。此批於 1949 年 11 月 2 日從泰國寄發，同月 10 日到達汕頭。有意思的是，批款直接就寄南方券。由泰國振盛興批局攬收的該批，用二戰時期的通用批箋填寫，在原預印「附國幣」的地方加蓋「南方券」三個字，下面手寫「捌拾元」。因該批款直接寄南方券，故中國銀行汕頭支行也就不用結兌而直接付款。

　　這之後，因人民幣未能滿足汕頭市場流通需求，中國銀行汕頭支行對寄入的批款統一用南方券兌付至 1950 年 1 月底止。如僑批甲，該批由泰國永泰祥匯兌銀信局攬收，批款港幣伍拾元。攬收局在僑批正面上方蓋一藍色豎長方形文字章，內容是：「訂明至汕照銀行牌價結分通用券」。批信於 1949 年 12 月 19 日到達汕頭後，中國銀行汕頭支行在批正面左上角蓋「港幣一元折合南方券八元〇角」無框文字章，同時再蓋「實收南方券」，下邊用商碼墨寫 400 元（50 元 ×8 ＝ 400 元）。

　　自汕頭解放至 1950 年 1 月底，中國銀行汕頭支行對僑批匯款均實行南方券結匯。這期間，外匯匯率的波動變化很大，如 1949 年 12 月上旬，港幣

對南方券的比率是 1：2.8，即港幣一元兌換南方券 2.8 元，12 月中旬起，變成 1：8，即港幣一元兌換南方券八元，12 月下旬，一元港幣可換十元南方券，而 1950 年 1 月 13 日，又變成一元港幣兌換 5.6 元南方券了。

　　1950 年 1 月 15 日後，中國銀行汕頭支行對僑批匯款不再直接將港幣折成南方券，而是先將港幣折成人民幣，再由人民幣折成南方券兌付，人民幣對南方券實行固定比率，以人民幣 250 元折合 1 元南方券。如一件由馬來亞華僑劉朝江寄潮安的僑批，於 1950 年 1 月 18 日到達汕頭結匯，中國銀行汕頭支行在批封上蓋「港幣一元折合人民幣二千八百元」字樣，但實際結匯時，卻以港幣一元折合人民幣二千八百七十五元計算，該僑批匯款港幣 40 元，先折合成人民幣 115000 元，再除以 250（人民幣對南方券實行固定比率），折合成南方券 460 元。

　　1950 年 2 月份起，中國銀行汕頭支行對僑批匯款不再以南方券結匯，而統一以人民幣結匯。為了鼓勵僑戶存款，汕頭中國銀行依據南方人民銀行外匯存單處理暫行辦法，推出了「原幣存單」業務，所發行的存單面值有四種，分別是港幣 10 元、20 元、50 元和 100 元。「暫行辦法」規定，僑批批面匯款金額如果達到港幣 100 元及以上者，僑戶如果不想把批款立即兌換成人民幣，便可以向銀行申請換發成「原幣存單」，但在實際操作中卻發現，就是寄港幣不足百元者，也可發給存單。如，由馬來西亞華僑林好利寄潮安登隆的家批，批款「港幣叁拾元」，批信到達汕頭是 1950 年 2 月份，批封正面雖然按銀行結匯慣例均蓋齊各種解匯比率印章，應僑戶要求，該批沒有結匯，而是由中國銀行汕頭支行發給存單，批封正面上另蓋一無框文字章：「經中國銀行發給存單」。再看一件從新加坡寄潮安僑批，批款「港幣柒拾元」，寄達汕頭是 1950 年 3 月 2 日，同月 7 日由汕頭中國銀行結匯，先以港幣 1：6375 即港幣一元兌人民幣 6375 元結算，共折合人民幣 446250 元，批封上有用商碼墨寫「人民幣 446250 元」字樣，之後又用一枚紅色「換發存單」的文字章蓋在上面，以示此批改為換發存單，不再結匯了。

　　1950 年 6 月 15 日後，南方券被人民銀行收回，不再在市場流通。

七、港幣及人民幣

　　港幣，是香港的流通貨幣。近現代香港是國際金融中心和國際貿易的重要中轉港，東南亞各國的批信局，在批信的經營過程中，常常需要經香港中轉，或在香港買匯後，再寄入國內。但直接用港幣寄批，卻是 1949 年四五月份後的事。

　　清末至民國二十四年（1935 年），我國貨幣流通實行銀本位制，銀元在國內外都通用，華僑可以在國外直接委託批局把銀元寄到家鄉。1936 年後，民國政府廢除銀本位，實行法幣制度。民國政府對外匯雖有實行管理，但沒有強制統一兌換，批局也就可以自行按外匯行情收寄和兌付批銀。

　　1949 年 4 月份後，金圓券已近崩潰，民國政府準備重新實行銀本位制，發行銀元券。在未發行銀元券之前，雖然市場上有以銀元基數作貨幣流通單位，華僑也有以「基數」銀元寄批，但相對於較為穩定的港幣來說，用港幣寄批更能保證僑戶的利益。1949 年 7 月 2 日，民國政府發行銀元券，不過兩月，銀元券也很快失去其流通價值而被市場拋棄，其時，海外華僑只能用港幣寄批了。

　　再看一封印尼巨港華僑丘靜沈寄揭陽其弟的批信，批信用批局預印郵簡式批箋填寫，寫信時間是 1949 年 5 月 24 日，批款「港幣肆拾元」，由香港東和有限公司匯兌部收寄。再如同是印尼巨港華僑丘靜沈寄揭陽家鄉其弟的批信，批信寄發時間是「民國卅八年九月六日」即 1949 年 9 月 6 日，批信用批局預印批箋填寫，批箋一改以往習慣印「國幣」「金圓券」等字樣而只印「現幣」字樣，背面由寄客填寫附言，附言中寫明寄港幣壹佰元。

　　中華人民共和國成立後，人民政府對外匯實行全面管制，禁止港幣等一切外幣在市面上流通，外匯一律需由中國銀行統一兌付。海外批局在收寄華僑匯款時，只能先按當地貨幣對港幣的匯率折成港幣寄入中國，再由中國銀行統一對港幣按外匯牌價結算後兌付南方券或人民幣。

　　我們已經知道，自 1949 年 11 月至 1950 年 1 月底前，寄達汕頭的僑批均以南方券結匯，前面已有對南方券結匯的僑批作介紹，這裏就不再談了。

1950 年 2 月份起，中國銀行對批匯均以人民幣兌付。批款兌付時，銀行一般會在批封正面上蓋「升人民幣」或「折人民幣」等字樣。如泰國華僑林誠漢寄澄海之僑批，批款港幣 30 元。批信於 1950 年 2 月 2 日寄出，1950 年 2 月 8 日到達汕頭，同月 27 日結匯，中國銀行在批封正面除了蓋上港幣對人民幣和南方券的兌換比率外，又蓋一枚「升人民幣」字樣的紅色文字章，並在下面用商碼寫上 135000 元。

人民政府剛剛成立，百廢待興，國內物價波動較大，中國政府採取機動調整人民幣匯率來調節外匯收支。人民幣匯率政策以出口商品國內外價格的比價為主，同時兼顧進口商品國內外價格的比價和僑匯購買力平價，對市場逐步進行調整。

但人民幣對港幣的這種以物價比價作匯率依據的匯率，有時波動幅度較大，客觀上也不利華僑匯款。自 1951 年起，為了有利僑匯匯款，港幣跟人民幣匯率基本穩定在 1：3880（即 1 元港幣兌換 3880 元人民幣）的水準並一直維持了近兩年，至 1952 年底，港幣對人民幣又調整為 1：4270，即 1 元港幣兌人民幣 4270 元。這一比率被固定下來並一直維持至 1967 年。其間，1955 年 3 月 1 日，新版人民幣代替了舊版人民幣，1 元新人民幣相當於 1 萬元舊人民幣，港幣對新人民幣的比率只是按比例縮小，即由 1：4270 變成 1：0.427。為了不讓僑戶產生誤會，銀行便在僑批上蓋上「新人民幣」，或「新幣」「新」等字樣，並在下面寫明折算後的新人民幣金額。現有一件新人民幣首日結匯的僑批，該批於 1955 年 2 月 28 日到達汕頭，批封背面蓋汕頭當日到達日戳，第二天即是 1955 年 3 月 1 日，中國銀行汕頭支行按新人民幣結匯，蓋同日結匯章，並在批封正面左上角蓋「新幣」兩字。

自 1950 年代至 1970 年代，海外華僑匯款基本都是以港幣作為批銀寄入國內，直至 1974 年國內僑批業劃歸中國銀行經營，才出現以人民幣作批銀收寄的批信。如馬來西亞華僑莊美坤寄潮安庵埠馬壟的僑批，批面寫「外人民幣貳拾元正」，中國銀行汕頭支行在批封左上角蓋一紅色「人民幣」文字章，並用阿拉伯數字寫上「20 元」字樣外，仍然在批封正面蓋一長方形結匯章，結匯日期 1978 年 1 月 28 日。由於華僑是直接寄人民幣，實際就不

用結匯，銀行蓋此章只是證明付還僑戶的批款日期。再如華僑林岳祥從馬六甲寄潮安古樓的一封僑批，批信「外附人民幣壹佰元正」，到達汕頭後，中國銀行汕頭支行在批封書寫「外附人民幣壹佰元正」處蓋「中國人民幣」字樣的文字章，另蓋中國銀行汕頭支行 1986 年 2 月 4 日僑匯結匯專用章（圖 8.10）。

圖 8.10

僑批的消亡

一、銀行逐步接管僑批業

　　1949 年 10 月 1 日中華人民共和國成立之後，僑匯歸中國銀行管理。自 1956 年至 1973 年國家對僑批業逐步進行聯合經營，是為之後僑批業務歸口銀行管理的過渡。

　　1956 年「社會主義高潮」到來之時，佔僑批業半壁江山的汕頭僑批業界提出甲種批局公私合營的倡議。當時僑批業界有兩種意見：批局自身人員多負擔重，收不抵支者要求合營以擺脫營業困境；批局業務發展較好者則認為批局不比其他行業，不宜合營，要求長期保留股權。為此，汕頭專區僑務部門於同年 3 月根據中央僑務政策，先後召開汕頭專區僑批業和僑批工人代表會議，通過討論分析，最終達成共識，認為成為國家銀行吸收僑匯的一種代理機構，是僑批業界的歷史必然。

　　僑批業界提出在增加僑匯收入的前提下，繼續改善經營服務工作。做到：（1）更密切國內外僑批業的聯繫；（2）不降低國內僑批業從業人員的收入；（3）照顧原有股東；（4）提高僑批業的積極性，使之能更好為華僑、僑眷服務。僑務部門同時宣佈：（1）僑批業全行業納入社會主義軌道之後，仍保留私營名義，沿用原牌號繼續分散經營；（2）停徵營業稅和所得稅，改徵工薪所得稅；（3）僑批業的資金，不論解放前開業還是解放後開業，一律按照私人股金處理。這就基本消除了僑批業界的各種疑惑和混亂思想，同時把中央對僑批業的政策精神向海外僑批業界進行宣傳，使僑批業界出現安定和正常發展的局面。此外，銀行為幫助一些經營困難的僑批局，委託其代解銀行僑匯和代辦儲蓄業務，增加業務收入，彌補營業的虧損。

　　1957 年中央規定僑批業利潤分配比例，年終分配以「四馬分肥」辦法，除提取公積金外，資方得 75%，職工得 25%。此項規定進一步促進了國內僑批業經營積極性，積極開拓業務和改善服務。

　　1958 年，汕頭市成立僑批服務部，各批局合址辦公。各批局沿用原牌號，各自經營，獨立核算，自負盈虧。合址辦公可以節省費用，方便客戶，便利銀行與各批局之間的聯繫和管理。汕頭市的甲級批局與南洋批局多有股權交叉，故合址辦公仍各自核算盈虧，各縣的乙級批局則在當地國家銀行的領導下成立「僑批業聯合辦事處」，實行合併經營，共負盈虧，同時訂立協議書，規定：(1)「僑批業聯合辦事處」所屬各鄉鎮分設僑批派送站；(2) 各批局的財產如房屋、家具用品等財產折算資金核股加入聯合辦事處；(3) 各批局 1956 年至 1957 年兩年公積金及 1958 年 1—4 月純利作為聯合辦事處的公共財產；(4) 各批局聯合前的債權債務由各批局各自清理；(5) 各批局原領取的營業執照應各自向工商局繳銷；(6) 各批局的批工繼續留用，統籌安排。各批局從此走上合作化道路。

二、「文革」時期的僑批業

　　「文革」期間，在極「左」路線的影響下，僑批業受到嚴重衝擊。自 1957 年起執行的旨在鼓勵僑胞多寄僑匯而設的僑匯供應證被取消，華僑、僑眷被歧視，一些在城市的僑眷為了不受歧視甚至斷絕了與海外親人的關係，或諱莫如深不敢直說。僑批業與全國各行業一樣，陷入停滯不前狀態。

　　引人注意的是，當時汕頭悅記批局為了業務的方便，自 1966 年 12 月起至 1969 年 1 月印製了一批帶有毛主席語錄的批箋（圖 9.1　1966 年 12 月 26 日）。

　　無獨有偶，新加坡的中南匯兌信局亦先後在批封或批箋上印上各種毛主席語錄。這些帶着濃重時代色彩的僑批，如今已經成為那個時代僑批業的典型代表。

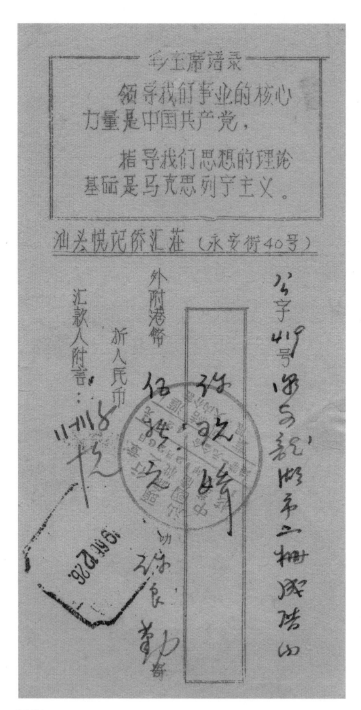

圖 9.1

三、僑批業的結束

　　1973 年，國務院下達國發 (1973)53 號檔，指示「僑批業應歸口銀行」。因潮汕地區情況特殊，延至 1976 年才實施國務院的這項指示。處理辦法是：(1) 僑批業職工歸併銀行；(2) 僑批業的財產納入銀行系統；(3) 國外批局的股東股金全部發還，亦可以用股金抵解僑匯；(4) 僑批從業人員成分重新進行審查；(5) 僑批業對外業務聯繫，統一以「汕頭僑批服務社」名義開展工作。

　　上述工作至 1979 年全部完成。不過，從實物僑批文獻考證，直至 1992 年間，海外批局寄入的僑匯仍然由中國銀行汕頭支行接收解匯。

附錄

附錄一　僑批業的起源、沿革、業務和商號

潮州地狹民稠，出洋謀生者至眾，居留遍及暹羅、越南、馬來亞、爪哇、蘇門答臘等處，其家書匯款，向賴業僑批者為之傳遞，手續簡單而快捷穩固，厥後雖有郵政及國營銀行開辦，然終接承民營批局業務，因華僑在外居留範圍既極廣，而國內僑眷又多為散處窮鄉僻壤之婦孺，批業在外洋採代收方法或專僱夥伴一一登門收寄，抵國內後又用有熟悉可靠批腳逐戶按址送交，即收取回批寄返外洋，仍一一登門交還，減少華僑為寄款而虛耗工作時間。至人數繁多，款額之瑣碎，既非銀行依照駁匯手續所能辦理，其書信書寫之簡單，荒村陋巷地址之錯雜，亦非郵政所能送處。故批業之產生與發展乃隨僑運因果相成，純基乎實際需求而來，固不能捨棄現實，執泥於一法也。茲分起源、沿革、業務、同業商號四項述如次。

起源　溯批業之源起，乃由水客遞變。潮州對外交通，遠肇唐宋。昔年帆船渡洋，一往復輒須經歲，華僑信款率託寄於常川來往水客，其信函俗名曰批（潮閩語言同源，閩南至今仍以批稱書函），今雖改稱曰信，但僑民信款常相聯寄，合信款而言，仍稱為批。其收款人之回信，即名回批。水客外洋原無住所，則聯合設置行館以居停，名為批館，此為批業之濫觴。

現時批業之登門收寄，按址送交以及回批交還等手續，無一不循水客之舊貫及輪船航行交通，即便潮人出洋益眾，寄款愈繁，顧水客大多冒險梟桀，時有侵蝕匿交之事，其富厚寄款較大之華僑，乃自派人專帶，兼收受親友寄託，久之，變成正式營業，而批館之名仍不變也。

　　迨我國加入聯郵公約，政府設立郵政局，其民營帶信者曰民信局。屬民營而專帶僑批者，又稱批局，以別乎民郵。民國十七年全國交通會議決定，取消國內民信局，惟以批局係服務華僑，仍許存在。初擬將名稱改特種郵寄代辦所，因批業之反對乃改為批信局（製發有批信局執照，批局之名遂成定稱）。二十年全國工商業組織同業公會，以批局舊有組織係以華僑批業為名，易混於國內之華僑團體，刪去華僑字樣，則批字嫌於不典，或難明其業務，最終當局折中將其定名曰僑批業，各業批商號曰僑批局。

　　沿革　批局初設，值清末銀幣複雜時期（本國銀圓有七錢七二之分，外來銀圓又有大洋六七之別），批款分發每生詰駁，嗣由新加坡批局主張以地方最高值之銀圓為標準，一律採用大洋匯寄，沿用至民國二十四年，白銀收歸國有以後，歷用政府法幣，惟日軍盤踞汕頭期間，曾一度改用儲備券，通行國幣地區則以批銀一元准發國幣二元。華僑寄款批信，歷係封口緘固，僑眷回批由批局特製，形狀比普通信函為小，亦用封緘辦法。惟抗戰時為避免檢查責任，來往改用批條法，如同郵局之明信片，且因郵寄困難，失脫擱滯隨時而有，故正條之外，加立副條。光復後恢復常狀。

　　批局既須按址送交批款，而攜備巨額現金，出入山谷野徑，難免盜賊之虞。有需集合同業力量以維護故，清光緒中汕頭已有南僑批業公所成立，至民國十五年間，改為汕頭華僑批業公會，二十年又改為汕頭市僑批業同業公會。各縣則首推揭陽，民國二十年間即有揭陽批業公會設立；潮陽則因解款關係，抗戰中設有潮陽縣僑批業公會，但仍以汕頭公會為總樞，負保障全潮批款安全責任，訂有保護獎恤追究等辦法，官廳民眾皆樂協助，故失批之事尚少聞也。

　　批局初期在外洋收集批信後，逐幫配輪運汕，攜帶自由，有如貨品。自郵政設立始限制轉寄，郵局以總包稱重計算，郵資每重二十公分合平信一封，郵費（大約回批每百封僅郵費五角）。至歐戰發生，法、荷等國積極提高屬地稅收以充戰費，廢止批信稱重辦法，逐封照平信徵費，其中南洋荷屬批信多係英屬轉駁，至汕無大關係，法屬安南地方則實行後甚連回批總包至越法郵局，復要求華僑補貼郵費，而許以戰事結束，恢復總包舊

例。時華僑以減納國郵而加納法郵，殊為非計，將回批自行在國內逐封貼郵寄往，自此遂成定例。

歐戰結束後，總包不能恢復，及民國七年政府將民業信局（包括批局）一律取消，經汕頭批業舉派代表向北京政府呼籲，後得予以無限定展期，以至郵局發展達於可能分發僑批為度。十七年全國交通會議開會，南京議決實行取消民局，復經南洋各港華僑力爭經年，始決定將批局與民信局劃分批局仍予保留。惟須向郵局領取掛號執照，批信如舊總包郵寄，但逐封計費（照國際平信減半徵收，郵票合計貼於總包包面，解決後南洋英屬郵政亦照此半價辦法施行，惟暹羅郵政則自起取締，凡寄來僑批皆逐封徵足平信價額方許總包）。

至二十二年，郵局又宣佈截止發給批信局執照（意在使批局只有停業而無新增，逐漸減少，以歸消滅），而以前所有取締皆關國際郵程，若僑批已納國際郵資寄至汕頭後，任由批局自行攜帶，分赴各縣，苟寄郵代帶，則總包稱重每二十公分納國內平信一封郵資，內地回批付汕候寄出國者，亦同此情形。但三十五年郵局又增訂辦法，定批局對批信之攜帶，以一郵區（准一縣市範圍）內為限（例如僑批寄抵汕頭後，欲轉出各縣鄉村，須逐封再納國內平信郵資寄之郵局；若批局自帶則郵資納足外，自帶人又須申請郵局給予證明書，方得帶遞）。三十六年再定國內批局不得接理國外非其分號之批信，在國內向未設有分號理批之地方不准增設，在國外雖有分號，地方亦不准添設，層層限制，批局業務至是已臨殘照之景。

業務　潮州每年由南洋華僑匯入批款數字，國人前未注意，缺乏調查統計（查民國二十二年曾有大略調查，事後數目揭載報端，時值各地排華風熾，新加坡華僑認為足以招惹居留地政府之嫉忌，請由僑務委員會通令各地批局以後一概不准調查）。但潮人仰賴批款為生者，幾佔全人口十之四五，而都市大企業及公益交通各建設，多由華僑投資而成，內地鄉村所有新祠夏屋，更十之八九係出僑資蓋建，且潮州每年入超甚大，所以能繁榮而不衰落者，無非賴批款之把注。故當戰時僑批梗阻，即百業凋敝餓殍載道，茲據老於此業者較確實估計：民國十年以前匯歸國內批款年在數千

萬元，十年以後年在一億元以上，至二十年以後又增倍可能達二億之上（因二十二與二十三年間世界受不景氣影響，華僑在當地營業困難，多囊括所有回國從事實業，遂有此特殊發展），但在二十五、二十六年間，即略見衰落。中日戰事結束以後，南洋各地政府多限制華僑寄款，時國內幣值日低，批款數字雖巨而衡之實益轉不逮戰前甚遠。

批局業務歷來利得頗微。在外洋收批則以當前該港對國內批銀之匯率，加一批往復之郵資派工等消費，合計後假定一批之銀數平均之。戰前假定額在二十元至三十元之間，以每元所得批費，衡合匯率而成批價以為收寄標準。寄款不足假定額者，每係貧僑批局則賠郵工費用；寄款溢過假定額者，每係富僑批局則多得其利潤，意本哀多益寡。至國內批局，在民國二十年以前，每百元僅得利益一元，而負擔派工消耗等費用。二十年間改組公會成立，始倡議增至二元，戰後加至六元，因外洋批局不同意，大率改在三元至四元間。

汕頭批局因利益微薄，若設一號而專業僑批，殊難支應，必需消費，故多由他業兼營。在二十年間，汕頭專營僑批之商號，全業中幾十不得一，大都為匯兌業與收找業兼營者。此外如運銷業、客棧業、茶業、酒業、糖業、出口業等，亦各有兼營僑批者。僑批因多係兼業之故，歷來不能在汕頭成立為一行檔以加入商會，肩任會費乃自組設公會處理，所業事務近後商業衰落，汕頭舊有之大行檔，多見瓦解，批業始漸現頭角，在汕頭市商會中列重要會員之地位。

同業商號　僑批局在外洋收寄批款，須以可資信賴為前提，其創設由有相當資產商會為之，故批局商號變遷不若他業急遽。自民國二十二年郵局停發執照、禁絕新設商號之變動，尤少遇一批局內部營業機構停歇。有意業此者即另集資襲其商號以營業，故內部雖有改變，而表面則無移易。

（本篇出自饒宗頤總纂《潮州志·實業志·商業》）

附錄二　僑批檔案選粹

　　僑批，是近現代海外華僑利用其自辦的民間信局寄回祖國家鄉的銀信。一百多年來，這些承載着移民史、華僑史、民信局史、郵政史、交通史乃至社會史、民俗史等等方面內容的民間書信文獻，經多年的不懈努力，終於在 2013 年以「僑批檔案」成功入選聯合國科教文組織世界記憶遺產名錄。

　　我們所稱的「僑批」，一般是指具體的批封、批信，而作為「僑批檔案」，則包含了僑批運作過程的方方面面，包括批封、批信、收據（票根）、華僑書信、批局操作文獻（如賬簿、筆記、來往信件）以及華僑出國證件、批信書寫工具、書寫用品、華僑照片等等。唯有如此，才能儘可能把那段特別的歷史保留下來。

　　一百多年來的僑批檔案，理論上的數量應是浩若繁星，但經近現代的戰爭動亂以及自然天災，現存下來的亦就不多了。下面所選取的僑批檔案，只是儘可能從不同角度讓讀者了解歷史的一斑。

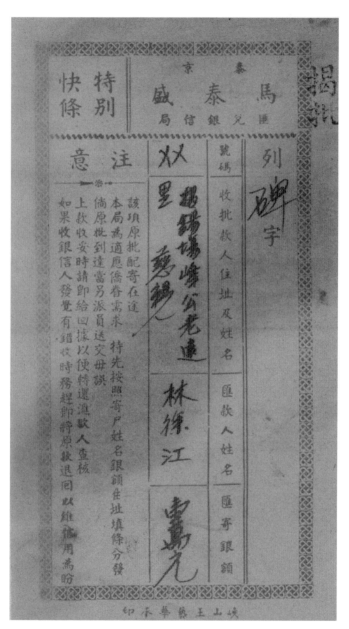

圖 10.1　此批稱為「特別快條」，是二戰結束後泰國批局尚未恢復對華
　　　　批信業務時，一些批局利用特殊管道寄入中國的僑批

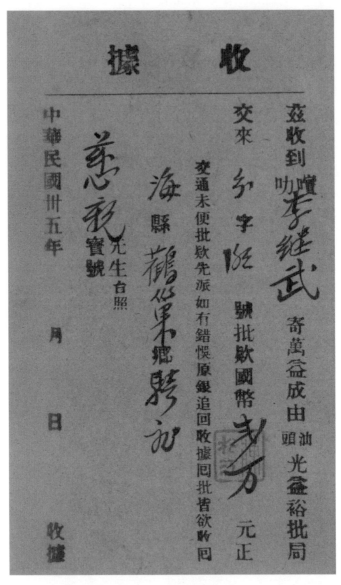

圖 10.2　1946 年新加坡華僑寄潮安鶴巢僑批。萬益成批局收寄，汕頭先
　　　　　益裕投遞批局收到幫單後，因批款未到，便以「收據」形式先
　　　　　行預付批款，收批人在「收據」上面蓋章以示批款先收到

圖 10.3　1949 年 1 月 6 日新加坡永吉祥盛記批局寄批存據。從
　　　　存據可知，該批同樣以批局先墊付款形式收寄。因時局
　　　　動盪，國幣貶值及匯價漲跌不定，批局只能先墊付後結
　　　　算，減少外匯波動風險

圖 10.4　1961 年上半年廣東省汕頭市華僑特種商品供應證

圖 10.5　廣東省華僑特種商品供應證（僑匯人民幣式拾圓）。此證跟上面幾種不同，改去了使用時限，增加了「僑匯人民幣式拾圓」字樣

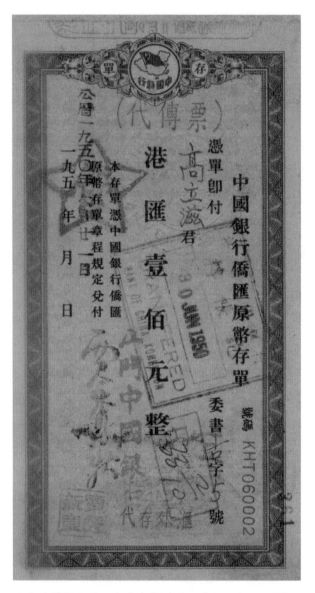

圖 10.6   1950 年中國銀行僑匯原幣存單（港匯壹佰元）。20 世紀 50 年代初，
新中國剛剛成立，政權更替之初，無論商品市場或金融市場極不穩
定。華僑怕寄入的外幣兌換後貶值，故中國銀行出台這一「原幣存
款」政策，寄入的外匯可先以「原幣存款」形式存放中國銀行，什
麼時候需要兌換才兌換，讓華僑放心

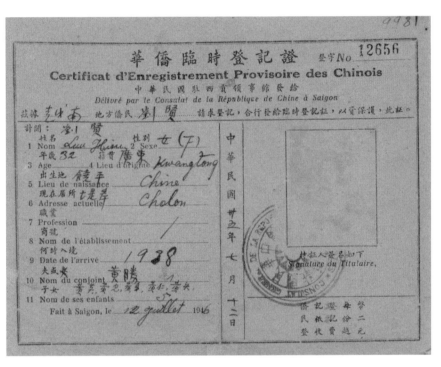

圖 10.7　　1946 年華僑臨時登記證

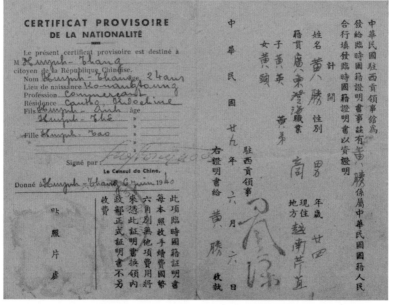

圖 10.8　1940 年駐西貢領事館發給中華民國旅外僑民臨時國籍證明書

後　記

　　2013 年，聯合國科教文組織將中國僑批列入世界記憶遺產名錄，僑批這種記錄着近現代華人移民史的家書開始被世人所認知。2020 年 10 月，習近平主席視察潮汕時，特意參觀了僑批文物館並發表了對華僑、僑批的重要講話，僑批這一世界記憶遺產亦迅速進入國人的視野。

　　2021 年底，香港中華書局的編輯找我們合作，準備將僑批這一世界記憶遺產以文化的視角推向世界，我覺得這是一件大好事。畢竟僑批雖然只是一紙家書，是很「私人」的東西，但它從產生、發展到消亡，承載的卻不僅是一段難以忘卻的移民史，還有中國近現代社會同東南亞乃至拉美各國的交通史、金融史、文化交流史等等。

　　「銀信傳情」系列擬出版《僑批文化史》《大美僑批》《僑批兩地情》《僑批與金融》四冊。本冊主要就僑批的出現、批局的發展到消亡這一歷史進程進行簡略的敍述，目的是讓讀者了解什麼是僑批和僑批的歷史概貌。當然，書中的內容都是舉例式的介紹，目的無非是讓讀者在輕鬆的讀圖中認識僑批，了解僑批史。

　　本書撰寫過程得到蔡煥欽、黃清海、張美生、彭曉輝、陳荊淮等人的無私支持和幫助，在此表示深深感謝！

曾旭波

2022.10.1

參考文獻

1. 黃松贊《新加坡社會與華僑華人研究》，中國華僑出版社 2005 年 1 版。

2. 陳衍德等《閩南海外移民與華僑華人》，福建人民出版社 2007 年 1 版。

3. 龔抒《亞洲國家概況》，世界知識出版社 1996 年版。

4. 《汕頭百年大事記 1858—1859》，汕頭市史志編寫委員會 1960 年 5 月版。

5. 姚曾廙《廣東省的華僑匯款》，商務印書館 1943 年版。

6. 政協廣東省委員會文史資料研究委員會編《廣東軍閥史大事記》（廣東文史資料第四十三輯），廣東人民出版社 1984 年版。

7. 政協汕頭市委員會文史資料研究委員會編《汕頭文史》（第四輯），1987 年 5 月。

8. 北京市郵政管理局文史中心編《中國郵政事務總論 1904—1943》，北京燕山出版社 1995 年 1 版。

9. 汕頭市檔案館等《潮汕僑批業檔案選編》，2009 年 12 月。

10. 肖茂盛《中國貨幣鑒賞》，花城出版社 1995 年 1 版。

11. 吳平主編《華南革命根據地貨幣金融史料選編》，1991 年版。

12. 黎德川、黃志強《新加坡郵政與郵史》，新加坡集郵協會，1996 年。

13. 潮汕歷史文化研究中心編《潮汕僑批萃編（二）》，香港公元出版有限公司 2004 版。

14. 謝雪影《汕頭指南》，汕頭時事通訊社，1947 年版。

15. 中國人民解放軍汕頭市軍事管制委員會祕書處編《政策法令匯編》，新華書店 1949 年 11 月出版。

16. 饒宗頤編《潮州志‧風俗志》，潮州市地方志辦公室 2004 年編印。

17. 《澄海縣誌‧風俗志》（清 嘉慶版）。

18. 《汕頭市志》，汕頭市地方志編纂委員會編，新華出版社 1999 年版。

19. 黃開山《新汕頭》，1928 年 9 月版。

20. 肖冠英《六十年來之嶺東紀略》，中華工學會，1925 年 5 月版。

21. 《汕頭僑史論叢》1—4 期，汕頭華僑歷史學會出版。

22. 《汕頭華僑史（初稿）》，汕頭市人民政府僑務辦公室、汕頭市歸國華僑聯合會編。

23. 《華僑論文集》第一輯，廣東華僑歷史學會，1982。

24. 汕頭市郵電局編《汕頭郵電志》，1989 年 7 月。

25. 王煒中等編著《潮汕僑批論稿》，天馬出版有限公司，2013 年。

26. 曾旭波《潮汕僑批業研究》，暨南大學出版社，2020 年 7 月。

27. 曾旭波《僑批叢談》，天馬出版有限公司，2010 年 6 月。

28. 廈門市同安區歸國華僑聯合會編《同安僑批》，內部資料，2021 年 9 月。

29. 廣東省檔案館編《梅州僑批世界記憶——魏金華收藏僑批檔案匯編》，2014 年。

30. 許茂春《東南亞華人與僑批》，泰國泰華進出口商會出版，2007 年。

31. 洪林、梨道綱編著《泰國僑批業資料薈萃》，天馬出版有限公司，2011 年 7 月。

僑批文化史：
下南洋與僑批的興衰

曾旭波　著

責任編輯　黃嗣朝
裝幀設計　鄭喆儀
排　　版　黎　浪
印　　務　劉漢舉

出版　　中華書局（香港）有限公司
　　　　香港北角英皇道 499 號北角工業大廈一樓 B
　　　　電話：（852）2137 2338　傳真：（852）2713 8202
　　　　電子郵件：info@chunghwabook.com.hk
　　　　網址：http://www.chunghwabook.com.hk

發行　　香港聯合書刊物流有限公司
　　　　香港新界荃灣德士古道 220-248 號
　　　　荃灣工業中心 16 樓
　　　　電話：（852）2150 2100　傳真：（852）2407 3062
　　　　電子郵件：info@suplogistics.com.hk

印刷　　美雅印刷製本有限公司
　　　　香港觀塘榮業街 6 號海濱工業大廈 4 樓 A 室

版次　　2022 年 12 月初版
　　　　© 2022 中華書局（香港）有限公司

規格　　16 開（230mm×160mm）

ISBN　　978-988-8808-51-9